U0165017

以出世的文章，入世处理世间法。

牧太甫◎著

庄子

和

Travel
with
Chuang Tzu

一起去旅行

厦门大学出版社
XIAMEN UNIVERSITY PRESS

国家一级出版社
全国百佳图书出版单位

图书在版编目(CIP)数据

和庄子一起去旅行/牧太甫著.—厦门:厦门大学出版社，2020.4
ISBN 978-7-5615-7776-9

Ⅰ.①和… Ⅱ.①牧… Ⅲ.①道家②《庄子》—研究
Ⅳ.①B223.55

中国版本图书馆 CIP 数据核字(2020)第 046625 号

出 版 人	郑文礼
责任编辑	林 鸣

出版发行 厦门大学出版社

社 址	厦门市软件园二期望海路 39 号
邮政编码	361008
总 机	0592-2181111 0592-2181406(传真)
营销中心	0592-2184458 0592-2181365
网 址	http://www.xmupress.com
邮 箱	xmup@xmupress.com
印 刷	湖南省众鑫印务有限公司

开本	889 mm×1 194 mm 1/32
印张	8.5
字数	150 千字
版次	2020 年 4 月第 1 版
印次	2020 年 4 月第 1 次印刷
定价	68.00 元

厦门大学出版社
微信二维码

厦门大学出版社
微博二维码

牧太甫，又名王建成，作家，广东梅州人，现居上海。颐成资本创始合伙人、企业家、持续创业者。曾出版作品有：散文集《回乡去旅行》《痛心光明》《遇见青春》《蝴蝶说》《和庄子一起去旅行》等；小说《爱可爱非常爱》《离曰》《风起水波澜》等；管理类专著《〈易经〉管理密码》《〈论语〉管理密码》《〈红楼梦〉管理密码》等。

熊鱼自笑贪心甚，既要工诗又怕穷。

扫一扫，与我共勉人生

谨以此书献给——

内蒙古人乔志刚先生，
他是我的导师、兄长和朋友。

序　言

文章本天成

冬月里的一天，突然收到一条激动人心的商业短信:"尊敬的阁下，一年一度的'冰雪对决'即将在新年首月震撼来袭。车主专场虚位以待，您可在内蒙古海拉尔的苍茫冬原上挑战三十公里的十余条冰冻湖面赛道，十余种不同车型、一百二十多辆星徽座驾整装以待，更有十多位中外试驾工程师亲身教授驾驶技巧，助力冰雪极限挑战……"

这是特别的人生邀请。当然，我欣然接受——零下三十摄氏度、冰面漂移、呼伦贝尔大草原、一群来自五湖四海的车友……这些充满梦幻、动感的关键词，太具有诱惑力了，无法抵抗，欲拒还迎。

为什么会欲拒还迎？自从膝下有了一对双胞胎，我很享受这种天伦。来一场一个人的旅行？那是成年人的某种叛逆。但是，人生四十年来，从未体验过零下三十摄氏度，更没有经历过漂移摆尾，而且还是在那个魂牵梦绕的大草原上……

这注定是一场错过就不会再有的生命旅行，也是一次几乎可以肯定这辈子有过就都不会再有的人生体验。

当飞机从呼和浩特机场中转飞往海拉尔的时候，俯瞰"苍茫大地""北国风光"，才真正体会到那种"文章本天成，妙手偶得之"的生命境界。

见龙在田，天下文明。

——《易经·文言》

这段文字的意思是说，早上太阳刚出来，天下文明。"文明"两字，最早就出自于《易经》之中，实际上其是文章与光明两个意思的联合，文章就是指万物摆在宇宙间的美丽现象。

姑妄言之姑听之。古之"文章"，并不是说写文章，而是文采。文就是文采、采丽，大自然的美丽就是文采；大自然的美丽所构成的图案叫作章。后来，人们用文字组织起来，才叫作"文章"。

这一场旅行，应该被抒写，也注定会抒写。这些美丽的"文章"，应该分享给大家。

人生境界各自不同，不管别人要怎么样才觉得了不起，我，只需要我现在的这个舒服境界。

惠子谓庄子曰："吾有大树，人谓之樗[1]。其大本拥肿而不中绳墨，其小枝卷曲而不中规矩，立之途，匠者不顾，今子之言，大而无用，众所同去也。"

——《庄子·逍遥游》

惠子跟庄子说，"吾有大树，人谓之樗"，我家有棵大树，这棵树叫作"樗"。这"樗"树很大，"其大本拥肿"，它的根臃肿松软，"不中绳墨"，因树根树枝弯弯曲曲而不能用木工的墨绳去量取，所以这棵树长在路旁，"匠者不顾"，木工匠人看都不看。

庄子曰："子独不见狸狌乎，卑身而伏，以候敖者；东西跳梁，不避高下；中于机辟，死于罔罟。"

——《庄子·逍遥游》

---

1 樗: chū。

这段文字讲的是庄子怼惠子的话，里面没带一个脏字。

庄子说，"子独不见狸狌乎"，你有没有看过"狸狌"呀，"卑身而伏，以候敖者"，矮矮的，偷偷地、慢慢地过来，人都看不见。这是"狸狌"以为自己聪明，做了的事情，讲了的话，以为别人不知道。结果啊，高明的猎人都知晓它的毛病，并利用它的弱点把它捉住了。"东西跳梁，不避高下"，"狸狌"在树上跳过来跳过去，也在屋顶上跳过来跳过去，它觉得自己跳得很高，也很有本事，也不害怕，以为没有人看见。结果呢，当然被猎人看见了，猎人很聪明，早把机关陷阱埋伏在那里了，等它一跳就掉进去了。"中于机辟，死于罔罟"，由于捉它的机关、捕它的网早就布置好了，所以，最后它就掉进陷阱里被猎人捉走了。

今夫斄[1]牛，其大若垂天之云，此能为大矣，而不能执鼠。今子有大树，患其无用，何不树之于无何有之乡，广莫之野，彷徨乎无为其侧，逍遥乎寝卧其下。不夭斤斧，物无害者，无所可用，安所困苦哉！

——《庄子·逍遥游》

---

1 斄：lí。

庄子继续怼惠子说，你看那个"斄牛"，大得不得了，把天都遮住了，虽然不能捉老鼠，但它的作用却很大。现在你有这么一棵大树，却担心它没啥用处，为什么不把它种在"无何有之乡"，什么都没有的地方，本来无一物的地方，以及"广莫之野"，无量无边的地方。把这棵大樗树种出来，一天到晚在那里优哉游哉，逍遥自在。

在这个地方，栽下这棵大樗树，晴天当斗笠遮太阳，雨天当雨伞挡风雨。然后，还可以睡在树底下，谁都不会来打扰，万物也不会扰害，蚂蚁都怕臭，也不在这棵树上做窝。在这"无何有之乡"，才真的自在，真的逍遥啊。

冬日里的海拉尔，激情燃烧的冰雪场，何尝不是我这个岭南人的"无何有之乡"，却更是之于江南水乡的"广莫之野"吧？优游自得，安闲自在的，来一场无所可用的冰封之旅吧！

乾道变化，各正性命，保合太和，乃利贞。

——《易经·象辞》

这段话明白地告诉了我们生命的本源，儒家的思想、道家的思想、诸子百家的思想，乃至中国文化讲人生的修养，都是源自于此。它告诉我们，要认清乾的道理、生命的本体，把握了这点就知道乾的变化，"各正性命"，自己调整好性与命——性就是精神的生命，命就是肉体的生命——让生命就正位，于是"保合太和"，亦即"持盈保泰"——"持盈"就是保持一杯水刚刚满的状态，加一滴溢出来，减一滴则不足；"保泰"则是最舒泰时候的保和，就是把身心两方面放平静、保持祥和、摆正常，像天平一样保持平衡。要"保合太和"，就能大吉大利。

撼于美丽的海拉尔，是以冰雪文章，不卜而知，极乐天下！

目 录

I

和庄子一起去旅行

目
录

第一篇

逍遥·天空游

1. 逍遥穹顶遐

从上海飞往海拉尔的飞机，是早上十点左右起飞的，中间在呼和浩特机场技术经停一个小时左右，然后再飞往海拉尔。

当日，天公作美，又加上提前在网上选了个靠窗的位子坐，于是，可以欣赏从呼和浩特到海拉尔飞过的一路风光。幸携《庄子》同行，既得"有朋自远方来，不亦乐乎"的欣喜，还得一场穹顶逍遥和遐思飞享的眼福、心滋和灵润——

眼福苍苍

天之苍苍，其正色邪？其远而无所至极邪？其视下也，亦若是则已矣。

——《庄子·逍遥游》

"天之苍苍，其正色邪？"我们抬头仰望认为"青苍"的这个天，就是天的正色吗？我们仰头望天，一点云都没有的时候，那个青青的，叫作苍苍的颜色。这段话是说，天究竟是什么颜色，我们没有办法断定它。这一路，从飞机上看天和地面上仰望天做个比较，马上就能直观地感觉到天不停地在变化，这个天是空的，它没有一个固定的颜色。

"其远而无所至极邪？"我们认为的这个宇宙是远到无限大的吗？在这段庄子没给我们答案，他的用意或许是要我们自己去琢磨。我们现在就在这冰雪草原之上"翱翔"着呢，怎么庄子却要我们问自己这个宇宙到底有没有个底呢？这个是逻辑问题，也是个生命的反省。

"其视下也，亦若是则已矣。"我们在飞机上，从天空往地面看，真的和从地上往天上看不一样呐。这句话，是在几千年前还没有飞机的时候，庄子就已经告诉过大家的。立场不同，观点就两样、三样、四样去了。我们的知识好像永远不够，我们认为是对的观念，可能是错误的，当然，不一定对也不一定不对。所以啊，人不能固执己见，以为自己都是对的。

心滋器度

且夫水之积也不厚，则其负大舟也无力。覆杯水于坳堂之上，则芥为之舟；置杯焉则胶，水浅而舟大也。

——《庄子·逍遥游》

"且水之积也不厚，则其负大舟也无力"，水如果不是那么充盈，那么深厚，就没有办法行大船。"覆杯水于坳堂之上，则芥为之舟"，如果把杯子里的水倒在地上挖出的小坑里，那么放根小草进去就能当作船了。"置杯焉则胶，水浅而舟大也"，如果把一杯水倒进和水杯一样大的小水坑里，然后把这个杯子放在上面，杯子当然浮不起来也动不了，胶住了，因为水浅而杯子大啊。

那些我们在地面上看着巍峨的山峦和广阔的湖水，在万米高空上俯瞰，一个个都成了"小土堆"和"小水坑"。水一定要深厚啊，才能像大海一样容下大鱼、大船行走。如果没有深海一样的容量，那个小水坑装一杯水，浮一根小草，那是小孩儿眼里的伟大，如果把那个杯子再放上去，就走不动了。一切都是容器和度量大小的问题。

我们的人生啊，正是因为见解、眼光、思想的不同，作为也就各异。我们若想成大业、立大功，就要培养自己的器度，让我们的胸襟像大海那样广阔，让我们的学问能力像大海那样深厚吧。

灵润图南

风之积也不厚，则其负大翼也无力。故九万里，则风斯在下矣。而后乃今培风；背负青天而莫之夭阏[1]者，而后乃今将图南。

——《庄子·逍遥游》

"风之积也不厚，则其负大翼也无力"，这是指庄子的那只大鹏鸟起飞的时候，非要有大风、暴风不可，如果风力不够，两个翅膀没有办法借着风力展开，就不能飞起来。"故九万里，则风斯在下矣"，这只大鹏鸟一旦飞起来，就能飞到九万里以上的高空去，就像是我现在乘坐的这架飞机，整个大气层，都在这只大鹏鸟的下面。

"而后乃今培风"，要想飞就要培养、积蓄风力，风力愈大，飞得愈高。所以，我们要想成就一番事业，我们的学问、能力、才智都要去养成、积蓄，这些就是我们的"风"。风力愈大，飞得愈高，飞上九万里的高空，就能驰骋天下，

1　阏：è。

到那时再往下一看，天下万物都非常渺小。当然，真到了那个时候，也就不会觉得自己伟大了，因为心中早已经没有所谓的伟大了。

因为风力如此之大，所以只要这只大鹏鸟飞上去了，"背负青天而莫之夭阏者"，背对着无量无边的青天，再也没有什么力量能够阻遏它。"而后乃今将图南"，大鹏鸟就可以到达那长生不老的象征之地——南极。这只大鹏鸟只有积聚足够的风力去飞翔，才能有这么样的成就、境界。

从呼和浩特到海拉尔，从机窗往外望，至少可以有三种视角：仰视、俯瞰和平眺。三种视角，三种风景，三种感受。这时，手里还捧着一本《庄子》，这就有了第四种视角、第四种风景和第四种感受：逍遥。

在皑皑白雪覆盖着的大草原的万米高空上，阅读《庄子》是一种舒服的、逍遥的体验，一种高远的、空灵的境界感，一种在宇宙里自由自在飞翔的经验感。

2. 偶得文章飞

当飞机飞入呼伦贝尔大草原上空的时候，才发现之前看到的景象，都只是序幕和铺垫，此时，大自然才正式地为我们拉开了"奇幻秀"的帷幕。

空灵世界

俯瞰灰褐色的大地，先是星星点点的像撒了盐花，随着飞行的推进，盐花变成了梨花，然后，梨花又渐渐成长为栀子花、棉花，最后，变成了白茫茫一片干净的空灵世界。

蜩[1]与学鸠笑之曰:"我决起而飞,枪榆枋而止,时则不至而控于地而已矣。奚以之九万里而南为?"

——《庄子·逍遥游》

　　"蜩与学鸠笑之曰",它们听了大鹏鸟的这个事情就嘲笑大鹏鸟,这蜩就是知了和蝉虫一类的,学鸠也是一种小鸟,它们也都没有见过大鹏鸟,只是跟我们大多数人一样听人家说庄子大鹏鸟的一些事。"我决起而飞",我们这么一蹦跶,"枪榆枋而止",从这棵小树飞到那个草上去,已经很老远了啊,心中很痛快了。"时则不至",就算万一飞抵不到目的地,或是飞到中间掉了下来,也没什么大不了的,"而控于地而已矣",不过是掉在地上而已,也不会摔死的。"奚以之九万里而南为",这只大鹏鸟要飞去那么老远的南极干吗呢?何必费那么老大的力气飞呢?

　　庄子的蝉和小鸠在取笑他的大鹏鸟,当然或者是"讥笑",也有可能就是那么"一笑"而过,他也不说下去,戛然而止。可是,我们都知道他是在告诉大家不要做"蜩与学鸠",在这个世界上有些了不起的人,当他们没有出头的时候,有人就会出来嘲笑他们,这就是"小鸟胸怀"。

　　来草原吧,也可以去海边远眺大海,再不然看看大海

1　蜩: tiáo。

的油画、照片或视频——我的一位画家朋友就送了我一幅《大海胸怀》的油画，被我挂在了客厅，这或许就能让我们的眼光放大一点，从而也能离"小鸟视角"远一点。

适莽苍者，三餐而反，腹犹果然；适百里者，宿舂[1]粮；适千里者，三月聚粮。之二虫又何知？小知不及大知，小年不及大年。奚以知其然也？

——《庄子·逍遥游》

"适莽苍者"，一个人准备早上出门，傍晚回家，"三餐而反"，带上三餐就可以往返，"腹犹果然"，肚子还饱饱的。但是，"适百里者"，假如准备到百里之外呢？"宿舂粮"，就要花一整夜的时间准备干粮了。路途再远一些，"适千里者，三月聚粮"，如果走千里路的话，就要提前三个月的时间准备干粮。

庄子真是个旅行家，在这里他似乎是在告诉我们出门旅行前要怎么准备呢。当然，我们知道庄子其实是在告诉我们人生的境界。前途远大的，就要有远大的计划；目光短浅的，只看现实，抓到今天就好，没有明天；有些人眼光长远一些，抓住了明天，却不知道还有后天；而有些人，

1　舂：chōng。

今天、明天、后天都不要,他们追求的是那个真正的"永远"。

所以,"之二虫又何知",那两只虫鸟又懂什么呢! 它们所知有限得很,"小知不及大知",智慧大小都有范围,小聪明比不上大智慧。"小年不及大年",寿命有长短,不能把握生命,就不能把握时间。"奚以知其然也",怎么能明白这个道理呢?

从空中俯瞰冬日里的呼伦贝尔大草原,先是盐花,接着变成了梨花,又渐渐长成为栀子花以及更大的棉花,最后,物化成白茫茫一片干净的世界……这就是变化的道理——一切生物,万有的生命,之所以变化,是因为中间有个东西在使之变化吧。

极乐境界

仰望青苍的天空,先是毫无规律的闪闪火星,随着时间的流逝,火星连成了一道火光、两道火光……然后,火光突然熊熊燃烧了起来,像是红橙黄蓝靛白各色相间的彩色画布挂在那里,此时,在这彩布的对面出现了一轮洁白无瑕的皓月,最后,整个天空变成了色彩斑斓的极乐境界。

汤之问棘也是已:"穷发之北有冥海者,天池也。有鱼焉,其广数千里,未有知其修者,其名为鲲。"

——《庄子·逍遥游》

　　"汤之问棘也是已"，商汤问一个叫棘的人，棘这个人是被当时社会认为有道德、有学问修养的人。"穷发之北"，是指最北方，那里寸草不生，也就是今天我们说的北极吧，"有冥海者"，就是北冥，"天池也"，是天然的大池——因为地球是圆的，真走到了北极再走就是南极，同样，走到了南极再走就是北极。"有鱼焉，其广数千里"，在北冥有一条鱼，它的宽度有几千里，而"未有知其修者"，不知道这条鱼有多长。"其名为鲲"，这条鱼的名字叫作鲲。

　　人的知识是有限的，小境界的不知道大境界，人的寿命、经验也是有限的，所以没几个人有机会看到大境界。幸得来到这里仰望青苍，偶见这色彩斑斓的、绚烂的极乐境界，幸甚至哉，文以抒情，章以咏志。

　　有鸟焉，其名为鹏，背若泰山，翼若垂天之云，抟[1]扶摇羊角而上者九万里，绝云气，负青天，然后图南，且适南冥也。斥鷃[2]笑之曰："彼且奚适也？我腾跃而上，不过数仞而下，翱翔蓬蒿之间，此亦飞之至也，而彼且奚适也？"此小大之辩也。

　　　　　　　　　　　　　　　　——《庄子·逍遥游》

1　抟: tuán。

2　鷃: yàn。

"有鸟焉，其名为鹏，背若泰山，翼若垂天之云"，这只叫大鹏的鸟，它的背像大山那样健壮，翅膀展开像天边的云那样巨大。然后，"抟扶摇羊角而上者九万里"，大鹏鸟凭借着回旋的大风，飞上了九万里的高空。"绝云气"，飞到了上面没有云的最高处，就是到了太空的边缘了。"负青天"，这个最高空连空气都没有了，也就是到了青天。"然后图南"，然后向南方飞去，"且适南冥也"，就到了南极。

这时，"斥鴳笑之曰：'彼且奚适也？'"小雀鸟却嘲笑大鹏鸟，何必要费那么大劲儿飞到那么老远的南极去呢？"我腾跃而上，不过数仞而下，翱翔蓬蒿之间，此亦飞之至也"，我一跳几尺高，一飞几丈远，飞到那蓬蒿乱草间，这也是我飞行的极限了，但也很痛快啊！"而彼且奚适也？"大鹏鸟何必飞那么远去呢？"此小大之辩也"，这就是智慧和境界的大小不同。

在这个极乐境界里，我们相信，人类是可以解脱宇宙物理世界的束缚，找到自己生命真正的自在与自由的。人世间不管做人做事，乃至修行，先是要有足够高的见地，有远见方能有成就的机缘；见地不高，知识不够，成就也就有限。那种有限的成就，或与这只雀鸟一样，跳一跳几丈高，随风摇一摇，当然也很优哉游哉，这种人生境界也是一辈子，当然也活得很快活。只是，我们或许要知道，在这个世界上还有个大解脱、大境界的存在。

人间画面

平眺缥缈的远方，先是白云间、迷雾里各种穿梭和往来，随着物事的往来，白云、迷雾褪去，一个白点、两个白点慢慢靠近，然后，白点突然迎面冲将过来，白点变出了长长的尾巴，等近了一看，原来是在不同航道上往来的飞机，拖着的尾巴是那长长的被冻住的发动机尾气流，好一幅震撼的人间画面！

故夫知效一官，行比一乡，德合一君，而徵一国者，其自视也，亦若此矣。

——《庄子·逍遥游》

"故夫"，那么，"知效一官"，有做一个官的知识能力；"行比一乡"，在一个乡里品行比较出众；"德合一君"，思想行为、做人做事都好，能契合一个君主的心意；"而徵一国者"，从而取得一个国家的信任。"其自视也，亦若此矣"，也像那雀鸟一样自视甚高。

每个人的境界和知识水平不同，对事物的看法就不同，不过是自己看自己，都像那只雀鸟，觉得自己很不错，能够跳到那么高的树上去呢。可是，实际上真的就很了不起了吗？

"知效一官，行比一乡，德合一君，而徵一国者"，这里一共列举了四等人才，且都是领导人才。什么是领导？就是出人头地、比别人高明一点吧。可是，这四类人却都只是自视甚高罢了，"其自视也，亦若此矣"。

我们都只是在"白云间、迷雾里各种穿梭和往来"，自己感觉自己很了不起，可是，实际上只是在那里迷一样地往来反复而已，跟那只"图南"的大鹏鸟根本不在一个层面境界里，却不自知。

而宋荣子犹然笑之。且举世而誉之而不加劝，举世而非之而不加沮，定乎内外之分，辩乎荣辱之境，斯已矣！彼其于世，未数数然也。虽然，犹有未树也。

——《庄子·逍遥游》

"而宋荣子犹然笑之"，有个叫宋荣子的高人就笑这四种人，意思就是看不起这四种人。"且举世而誉之而不加劝"，就算是全世界的人都恭维他，说他多么了不起，他都不理会；"举世而非之而不加沮"，就算全世界的人都反对他、瞧不起他，他也绝不因此而沮丧；"定乎内外之分"，因为他的智慧可以清楚地划分自身与外物的区别；"辩乎荣辱之境"，对于人世间的光荣和耻辱，他也都看得很清楚了；"斯已矣"，不过就是这样。这样的人才了不起啊！庄子感叹，"彼其于世，未数数然也"，他对世俗的声名并不急于追求，他对现实世界的许多情况并不赞同，保留着自己的看法和意见。"虽然，犹有未树也"，不过，即使这样，他还没有找到人生和生命的真价值，还没有真正的建功立业，还没有达到最高境界，也就是还没有"得道"。

能在"物事的往来"中，通过"白云、迷雾褪去"，看清事物的本来面目，这是很不容易的了，已经是"好一个震撼的人间画面"了。庄子提出这是一种"人化"的境界，就是人世境界的比量，人的思想范围，人的一切观念范围。这属于俗谛，不是真谛，还是世俗的范围。

3. 真俗不二人

到达海拉尔机场已经是傍晚时分，草原上的夕阳把整个天空映照得通红，仿佛神话世界一般。

接机小姐等在了接机口，并很快确认了我们各自的身份，领着大家走出机场，去到门口的露天停车场。其实，从机场门口到接机的客车，也就百来米吧，可是，当登上客车，却发现鼻孔处结了两小块冰——太神奇了！这是我这个岭南人从未有过的极寒体验。

车开出机场，就看见路口树着个巨型的蒙古族人像冰雕，晶莹剔透的模样中，透着浓浓的民族风情，正像我此时的心情——外面是冰天雪地的寒冷，内心却是满怀激动的热情。

车继续前行，心中满满的新奇。在这北国小城里，竟然遇到了一座基督教堂。夕阳的余晖恰好照在教堂上方的十字架上，耶稣的形象熠熠生辉，仿佛要再一次向世人呈现两千多年前的复活场景。是的，我被这一幕感动了！

夕阳映天

夫列子御风而行，泠[1]然善也，旬有五日而后反。彼于致福者，未数数然也。此虽免乎行，犹有所待者也。

——《庄子·逍遥游》

历史上记载说，"列子御风而行"，列子自己会飞起来，像大鹏鸟一样，只不过没有大鹏鸟飞得那么高。列子飞起来之后，"泠然善也"，感觉轻巧舒服。而且，列子可以在空中飞"旬有五日而后反"，飞半个月又飞回来。也就是说，列子修炼成仙了，达到了地仙的境界。"彼于致福者，未数数然也"，那些天天求福报的人啊，列子的这个境界可是求不来的啊。可是，会飞就真的了不起吗？"此虽免乎行，犹有所待者也"，能够飞得起来，只不过是不用走路，但是还需要靠另外的东西——风！没有风就飞不起来，没有空气为依托就飞不起来。

1　泠: líng。

海拉尔漫天通红，照得整座城就像是神话的国度，但是若不是有落日的余晖，若不是有全城的冰雪，以及极寒的空气，这种夕阳映天的极致景象就不会呈现出来，都是因为有所凭借而成就的吧。

冰霜节气

若夫乘天地之正，而御六气之辩，以游无穷者，彼且恶乎待哉！

——《庄子·逍遥游》

庄子说，还有这样一种人，他们也不用飞，普普通通，"乘天地之正"，乘天地的正气，"而御六气之辩"，可以适应天地间六气的变化，气候什么时候变化、怎么变化，都看得很清楚，不受物理世界的影响。就是这样一种人，不受物理世界的影响却能把握物理世界。"以游无穷者"，他们活在世界上，一切在游戏三昧中，什么都是玩，优哉游哉，时间空间也都控制不住他们游到无穷里去。"彼且恶乎待哉"，人生到达这个境界，也就是生命自己升华到这样的境界，才是绝对的超然而独立。

我们生活在这个世界上，受空气、天地、节气、气象等外部环境影响。但是，"天尊地卑，乾坤定矣"，据说这是孔子研究《易经》的心得体会。上午我还在南方暖阳冬日，下午就到了这北国大草原，零下三十摄氏度的极寒，哈气成冰，都是这个"天地之正"在发挥作用吧。

天寒情热

故曰：至人无己，神人无功，圣人无名。

——《庄子·逍遥游》

"至人无己"，达到至人的境界就是无我，没有我自己就是人生到达忘我的境界。"神人无功"，一切的神，上帝也好、菩萨也罢，他们拯救了全世界，拯救了全人类，养育全人类，可是我们人类看不到他们的功劳，他们也不需要人类顶礼膜拜。"圣人无名"，真正的圣人不需要名利，从不去追求名誉和地位。

最伟大的人都是在最平凡里，能够做到真正的平凡，就是无己、无功、无名。就算已经功盖天下，自己也觉得很平凡；就算道德到达圣人境界，自己仍然觉得很平凡。

这海拉尔城的冰雕，也不知道雕刻的究竟是谁，他们就矗立在这冰天雪地里，晶莹剔透，熠熠生辉，带给路过的人们的竟是满满的温暖、满满的震撼、满满的希望。

耶稣再临

宋人资章甫而适诸越，越人断发文身，无所用之。尧治天下之民，平海内之政。往见四子，藐姑射之山，汾水之阳，窅[1]然丧其天下焉。

——《庄子·逍遥游》

"宋人资章甫而适诸越"，宋国人要做生意，带着礼服、礼帽到越国。可是，因为"越人断发文身"，人家越国人却是头剪短发，身上都文身刺花，"无所用之"，所以，宋国人带的那些礼服、礼帽到了越国，一样都卖不出去，越国人用不着啊。"尧治天下之民"，几十年过去了，天下太平，已经成了"平海内之政"的盛世帝王，那是拥有千古名望的圣人皇帝啊。这个时候，"往见四子"，尧跑去拜见四个神人，这里没说是去见谁；"藐姑射之山，汾水之阳"，神人居住在遥远的姑射山上，汾水的北面。尧拜见了神人之后，"窅然丧其天下焉"，觉得作为天下帝王，本是天下第一人，天下万民都是他的子民，把万民治好了，应该算是很伟大了，但是看看那些神人，却发现自己非常渺小，治理好天下也算不了什么。

那么，生命的价值究竟是什么？

耶稣的一生也就活了三十多岁，用现在的眼光来看，可谓短命。在他短暂的三十多年里，他受过很多的苦：出

1　窅: yǎo。

生在马槽，并且一生都在不断地躲避帝王的追杀，最后还被自己的门徒出卖被捕，受尽侮辱、摧残，最后背负着十字架慨然赴死……

今天，耶稣是我们熟悉的神人，他的一生就是神化的一生。用庄子的话来说，就是精、气、神这个心的作用，是自己生命的功能变得出神入化。神化了以后，可以做入世的圣人，齐家、治国、平天下，所以耶稣不死而复活了。

然后呢？又是出世……

恰如今天的遇见，在夕阳余晖照耀下，十字架上的耶稣栩栩如生，或许他又要再临人间了。

是夜，一人独在酒店，独享火锅、自助餐，细读《庄子》心有所感、所悟，情之所至，独酌后得诗一首：

一人火锅品苍茫，五味杂陈尝人生。
独在房内读文章，心喜寝卧有大樗。

此诗纯为一日所见、所读、所感、所悟的大杂烩，俗不可耐，却是有所想或有所得罢了。人生境界各自不同，不管别人怎样才觉得了不起，我，只需要现在这个舒服境界！

第二篇 / 齐物・泠风雪

1. 冰雪漂移泠

在酒店大堂集合的时候，已经是早上八点。对于一个每天习惯于六点自然醒的人来说，已经是精神旺盛的时候了。可是，此时冬天的北国却像是还未苏醒过来，一切都还是朦朦胧胧的，抑或正是酣睡最浓的时候呢。

揣着激动的心情上了大巴，一路的新奇——屋顶上雪白雪白的，河面上正冒着浓郁的雾气；远处高耸的烟囱正喷出长长的云带，从城这头一直延伸到城那头，之所以称它们为云，是因为用肉眼很难发觉它们是在流动的，像是被极寒的天气冻住了的雾气。

朦胧而动

出了城，东方才渐渐泛起了绯红。远眺是一望无际的浅褐色的冬季草原，近看到处是闪闪发光的晶莹的冰晶。抬头再望城里的那几朵烟囱云，在晨曦的映衬下，竟似一条条彩色的带子，覆盖在海拉尔城上空。

南郭子綦[1]隐机而坐，仰天而嘘，荅[2]焉似丧其耦。颜成子游立侍乎前，曰："何居乎？形固可使如槁木，而心固可使如死灰乎？今之隐机者，非昔之隐机者也。"

——《庄子·齐物论》

庄子说，有这么一位神仙人物，复姓南郭名子綦，"隐机而坐"，靠着几案而坐，然后，把头仰起来，"仰天而嘘"，缓缓地呼吸，"荅焉似丧其耦"，好像进入了物我两忘的境界，一切外境都没有了。

南郭子綦的一个学生，复姓颜成名子游，"立侍乎前"，站在前面，他看到老师这么一个情形，就问："何居乎？形固可使如槁木，而心固可使如死灰乎？"老师啊，你干什么啊！你这个样子好吓人啊，变得像一块干枯的木头而没

1　綦: qí。

2　荅: dá。

有一丝的生气，给人的感觉像是内心已成冷灰一样呢。"今之隐机者，非昔之隐机者也"，你今天的样子特别的不同，靠在几案上的状况与从前的情形完全两样啊。

"今之隐机者，非昔之隐机者也"，如果我们这一秒坐在窗台望风景的时候，就算下一秒虽然仍坐在这个窗台前，却已经不是前一秒的那个我们了。

海拉尔城上空的"带子"看上去虽凝固不动，实际上却早已是刹那无常，一刹那就过去了，不会永远存在。这让我想起我们这群"赛车爱好者"，来自全国各地，在此相聚两三日，然后又各奔东西而去，之后，正常的情况，就是此生无缘再相聚了吧。不过，不用感伤，任何时间、任何地点，一切的事情在一刹那之间本就已经变化，本就没有永恒的存在这么一种状态，"永恒"只是人们的一种情绪幻想罢了。

冰清玉洁

有那么一会儿，听见了车里的微鼾声。出发前就听说，坐在邻座的这些姑娘们，昨晚接到最后一批"赛车手"已是凌晨时分了，难怪在她们美丽、亲和的脸庞下泛着疲惫。

此时，曦阳正照在她们洁白的风衣上，突然，"冰清玉洁"四个字闪进了我的脑海……

子綦曰："偃¹，不亦善乎，而问之也！今者吾丧我，汝知之乎？女闻人籁而未闻地籁，女闻地籁而不闻天籁夫！"

——《庄子·齐物论》

南郭子綦对自己的学生颜成子游说，是的，你问得正好！"不亦善乎"，你觉得我这样不好吗？意思是，我自己觉得很好啊，"而问之也"，有疑问吗？"今者吾丧我"，我告诉你，此时此刻，我已经没有我了，忘我了。"汝知之乎"，你知道吗？"女闻人籁而未闻地籁，女闻地籁而不闻天籁夫"，你可以听到"人籁"，但是没有听到过"地籁"；就算你听说过"地籁"，也没有听说过"天籁"吧。

在我们这个形而下的万有现象世界里，有天、地、人三层境界吧。或许，宇宙间的声音和光，是自然界范围最广、最容易使人进入另外一个世界的引导力量吧。正如现在，领队姑娘们的微鼾声，引导着我渐渐进入了一个"冰清玉洁"的美妙世界。

一个人要真正解脱物理世界的困扰，真正解脱一切烦恼，进而达到真正的逍遥，唯有丧我、忘我。没有到达丧我、忘我的程度，就不能了解在万物的不齐之间，有超乎形而下到达形而上的那个齐物的境界。在万物不齐之间，有一

———————————

1 偃：yǎn。

个境界——那里了无一物、无何有之乡、了不可得，那个
境界的本相是齐一的，那个是绝对的。因为，万物不齐、
有差别，总是相对的。

千年之约

经过近一个小时的车程，我们抵达了呼伦贝尔西北部
陈巴尔虎旗的呼和诺尔湖冰面赛车场。这是我第一次见到
冰面赛车场，只见冰面上停着上百辆品牌汽车，闪着车灯，
它们好像在那里等了我们许久似的。

呼和诺尔湖，在夏日里就是大草原上的一个风景秀美
的湖，到了冬天冰封之后，就成了冰面赛道。为了这个激
情时刻，它们冰封已厚，翘首已久……

子游曰："敢问其方。"子綦曰："夫大块噫[1]气，其名为
风。是唯无作，作则万窍怒呺[2]。"

——《庄子·齐物论》

子游向老师子綦请教天、地、人这三种声音的关系，
并请求指点一个方向。子綦告诉子游，"夫大块噫气，其名

---

1 噫: yì。

2 呺: háo。

为风"，大地"嘻气"出来以后，呼出来变成风。"是唯无作，作则万窍怒喝"，这股"嘻气"变成风以后，要么不起作用，一旦起了作用，有洞的地方就会在风的作用下发出声音来。

风本身是无形无声的，除非不起作用，一旦起作用的时候，碰到外物就会发出各种各样的声音。这就是"依他而起"，如果不靠外物，不依他，本体的功能就呈现不出来。实际上，一切都靠外物，靠作用，靠现象，本体的功能才能呈现出来。万有的作用，都是本体的用，万有的现象就是本体的现象，都是"依他而起"。夏日的炎热，让呼和诺尔湖成了一个秀美的湖畔；冬天的严寒，又让呼和诺尔湖变成了一个激情的冰上赛场。秀美也好，激情也罢，都是从本体的作用而来的。

曾经夏日炎热秀美的呼和诺尔湖，现在成了冬天严寒激情的冰雪赛车场，这是"三位一体"的千年之约吧，就像那数百辆停在冰面上的赛车，它们静静地等待着车手们的到来，然后来一场"怒喝"之旅。

而独不闻之翏翏[1]乎？山林之畏佳[2]，大木百围之窍穴，

---

1 翏: liù。

2 佳: cuī。

030

似鼻、似口、似耳、似枅[1]、似圈、似臼[2]、似洼者、似污者。

——《庄子·齐物论》

　　庄子这段文字，表面上是在说风在安静的时候，什么都看不出来，等它一有动作，什么现象都出来了，实际上也是在说我们人的不同境界——当我们心理状态平静的时候，什么现象都没有，意念一动，什么怪现象都来了，喜怒哀乐的情绪也都出来了。或是"而独不闻之翏翏乎"，天风翏翏然，很好听、很清雅的声音；或是"山林之畏佳"，高山上，山林转弯的凹谷和岩石凸出的峭壁，风在那里发出可怕的声响；或是"大木百围之窍穴"，一百围的大树木，树上有洞，都是窍穴，风吹过它们的时候，那声响实在太可怕了，"似鼻、似口、似耳、似枅、似圈、似臼、似洼者、似污者"，那些在树上窍穴，有的好像人的鼻孔，有的像嘴巴，有的像耳朵，有的像横木一样，有的又像一个圈圈，有的又像捣臼那样，有的像深池，有的像浅洼——那些窍穴啊，风吹过它们，百声齐发，怪声连连。

　　这些日子的期待，特别是从昨天乘飞机开始，一直想象着到了冰雪赛车场的情景，千万种的情景都在脑海里闪

1　枅: jī。

2　臼: jiù。

过，千万种的相遇场景都在思绪里飘过，千万种的境况都在心中掠过，然而，此刻真正到了冰雪赛车场，之前想到的各种场景都显得如此苍白，完全没有此刻全身感受到的境界……

激者、謞[1]者、叱者、吸者、叫者、譹者、宎[2]者、咬者，前者唱于而随者唱喁[3]。泠风则小和，飘风则大和，厉风济则众窍为虚。而独不见之调调之刁刁乎？

———《庄子·齐物论》

这段文字中的"激者、謞者、叱者、吸者、叫者、譹者、宎者、咬者"，都是形容风吹百窍发出来的声音，"前者唱于而随者唱喁"，前者是嘴巴尖起来"于"的声音，后者唱"喁"，就是喉咙发出来的声音。"泠风则小和"，小风就小和，声音比较轻巧高雅，"飘风则大和"，大风就大和，也就是有时候大风吹，有时候小风吹。"厉风济则众窍为虚"，暴风吹过后，所有的窍穴都归于寂然，一点声音都没有了。"而独不见之调调之刁刁乎？"就是描写风儿吹过万物随

---

1 謞: hè。

2 宎: yǎo。

3 喁: yú。

风摇曳的情景，一阵和风吹来，水波不兴，一点点小风，草啊、树叶啊，慢慢地飘啊、摇啊。

终于见到了冰雪赛车场，终于见到了冰雪赛车，终于见到了冰雪赛车手，终于见到了真实的一切，心绪却反而好像很平静的样子……

主办方邀请赛车教练上台介绍冰雪赛车的注意事项和技术技巧。接着，各组赛车教练进入各个组别，介绍即将进入的赛道情况和赛车性能。最后，负责引导的姑娘举着引导牌，把我们带进了冰雪赛车停车场……

2. 风吹万籁寂

一走出营地，"赛车手们"由内心的激动，转而到了举止上的骚动。

有人拿出手机这里拍拍那里拍拍；有人满脸堆笑感叹冰雪的赛场；有人不知从哪里找来保温杯，拧开盖子，朝空中抛洒热水，见证泼水成冰的震撼画面……

来到停车场，首先看到的是这些赛车的轮胎，全都装满了钢钉，在阳光的照射下明晃晃的，像是一个个精神抖擞的士兵，随时等待着将军的指令，保证完成下达的指令。

拉开车门进入赛车驾驶座，一旁的对讲机正重复播报着冰雪赛道的驾车注意事项，而实际上，大家的心早已在赛道上驰骋了。

挂挡位、踩油门、稳方向——"莎莎莎"的是钢钉轮胎摩擦冰面的声音，"杀杀杀"的是心里向往激情赛道的回声，"咚咚咚"的是赛车发动机轰鸣高歌向前进的响应，"嗖嗖嗖"的是风驰电掣一路向前的和鸣……

莎莎莎

子游曰："地籁则众窍是已，人籁则比竹是已。敢问天籁。"子綦曰："夫吹万不同，而使其自己也，咸其自取，怒者其谁邪？"

——《庄子·齐物论》

子游说："地籁则众窍是已，人籁则比竹是已。敢问天籁。""地籁"就是各种孔洞发出的声音，"人籁"则是人的情感变化通过竹管吹出的乐声，唯一还没搞懂的是"天籁"。子綦就告诉他，"夫吹万不同"，"天籁"是风吹万种窍穴发出的各种不同的声音，"而使其自己也"，使它们自己发出千差万别的声音。"咸其自取"，都是自己主宰自己，是各个窍孔的自然状态所致。"怒者其谁邪？"，万窍怒号乃是自然形成，并没有其他东西来发动它们。没有一个人主宰得了别人，这个气是谁吹的？都不是，还是我们自己。

北国的风光就在那里，并没有谁刻意地去雕饰和装扮，只不过来的人不同，其感受也就不同。若是来的是文人，就算其感受相同，写出来的文章也会不同；就算写出来的文章相同，而由于读者不同，也能读出完全不同的味道来。这是谁在主宰，天堂地狱，喜怒哀乐还是善恶是非？都没有，都是我们自己造出来的，都是我们自己吹出来的，"吹万不同"，"使其自己"，"咸其自取"。走出营地的人们，看到的虽然是相同的风景，可是，每个人内心的感受和感动却是完全不同的。于是，他们各自的表现也就不同。

杀杀杀

大知闲闲，小知间间。大言炎炎，小言詹詹。其寐也魂交，其觉也形开。

——《庄子·齐物论》

"大知闲闲"，真有大智慧的人广博豁达；"小知间间"，小聪明的人却十分琐细、斤斤计较。"大言炎炎"，高论者发言，说的话惊天动地；"小言詹詹"，小道理"詹詹"，看起来好像有所建树，但是流于琐碎、没完没了。"其寐也魂交"，真正睡着了，神气两相交；"其觉也形开"，睡醒了像花儿一样张开了，因为神跟气都充沛了。

这六句话，前两句讲智慧的境界，知识的境界；中间两句讲说话的境界；后面两句说睡着了和醒来的境界。

> 与接为构，日以心斗。缦者、窖者、密者。
>
> ——《庄子·齐物论》

我们这些凡夫俗子，不懂得神气相交的道理，只能是"与接为构"，睡醒后接触到外界的环境，形接外物而心有所感。"日以心斗"，一天到晚在自己的心里斗争，自己跟自己过不去，人的"本心"受到了感性认识的影响。斗到什么程度和状态呢？或是变成了"缦者"，自己欺骗自己，自以为很了不起；或是变成了"窖者"，疑心重重，心中不停地争斗；或是变成了"密者"，自己以为自己掌握的某种秘密、秘诀，心里生怕被别人发现。

教练还在对讲机里说着注意事项和赛车技巧，其实，归根结底也就四个字：全神贯注。什么叫全神贯注？就是清空思想杂绪，使自己的心安静下来、稳定下来。好好感受冰雪激情，好好享受轰鸣震撼，好好体验生命速度。

咚咚咚

　　小恐惴惴，大恐缦缦。其发若机栝[1]，其司是非之谓也；其留如诅盟，其守胜之谓也；其杀如秋冬，以言其日消也；其溺之所为之，不可使复之也；其厌也如缄，以言其老洫[2]也；近死之心，莫使复阳也。

——《庄子·齐物论》

　　"小恐惴惴，大恐缦缦。"这是庄子用来形容人活着没有一天是痛快的状态，一天到晚都处在恐惧、害怕的境况。

　　"其发若机栝，其司是非之谓也"，他们一说话，就像是手指触发了开关一样，这个开关在某一个小问题上稍稍一动，就引起了大烦恼，是非利害都由此而产生。若是这个开关向内开呢？"其留如诅盟，其守胜之谓也"，把话留在自己的心里头，像坚守盟约一样，意在静待时机以达到成功的目的。"其杀如秋冬，以言其日消也"，我们的生命本来可以很长，为什么凋谢得像秋天的落叶那么快呢？就是因为我们自己内在的争斗而造成的生命消耗啊！"其溺之所为之，不可使复之也"，消耗掉的及失去的东西，不可能再恢复。"其

1　栝: guā。

2　洫: xù。

厌也如缄，以言其老洫也"，魂魄精神都没有了，于是对这个世界万事都很厌烦，灰心到了极点，别人问什么都懒得回答，没有兴趣了。"近死之心，莫使复阳也"，快要死的心，没有什么办法可以使他们恢复生气。

高超的赛车手只要一听发动机的轰鸣声，就能判断赛车的情况。我是没这个水平，只不过在这冰雪赛道上听着猛踩油门发动机发出"咚——咚——咚——"的声响，心里甚是过瘾，感觉内心的热情完全被它点燃了起来，忘记了外面世界的喧嚣和争斗，也忘记内心的忧愁和烦恼。

此时，只有此时。

嗖嗖嗖

喜怒哀乐，虑叹变慹[1]，姚佚启态；乐出虚，蒸成菌。

——《庄子·齐物论》

"喜怒哀乐"，是人的情态，喜表示很高兴，怒表示发脾气，哀表示心里悲伤，乐表示高兴时的那种快乐。"虑叹变慹"，虑是思虑、思想，叹是思想引起的感叹，由感叹发出声音，再由心理变化进而到了恐惧的程度。由于内在的恐惧而表现于外的形态，就是"姚佚启态"，姚是浮躁、开放、

---

1 慹: zhí。

随便，佚是放纵，启态就是张狂作态。上面这十二个字，描写的是人的、心态和生活状况。然后，用"乐出虚，蒸成菌"六个字进行总结和提炼——"乐出虚"，是讲从"有"变成"空"，也就是心能转物的说明；"蒸成菌"，是以物理的状况说明"空"也可以产生"有"。一个人心里太高兴的时候，气散了虚了；高兴到达了极点，或悲哀到达了极点，都可以造成人的死亡。在阴暗潮湿、又热又湿的地方是最容易培养菌类的，这是"蒸成菌"的道理。

本以为坐在车里驾驶应该挺轻松、不会觉得累的，可是，才在赛道上开了两圈，就感觉到身上出了汗。不要忘了，外面可还是零下二三十摄氏度呢。这应该就是"乐出虚"的实例吧，一路飙车，太兴奋、太激动，于是，就感觉一种"虚"的状况。难怪赛车手平常都是要加强体能锻炼的，以应对这种"乐出虚"的状况。

日夜相代乎前，而莫知其所萌，已乎，已乎！旦暮得此，其所由以生乎！非彼无我，非我无所取。是亦近矣，而不知其所为使。

——《庄子·齐物论》

"日夜相代乎前"，我们生命的心理和生理，互相变化，昼夜都在更替出现。"而莫知其所萌"，可是，我们自己却找不出变化的原因是什么，或是什么使我们起了思想？什么使我们身体衰老？什么使我们有生命？这一切是怎样萌芽的？我们自己永远找不到它的来源。只好"已乎，已乎！"算了吧，算了吧！"且暮得此，其所由以生乎！"如果知道这一切发生的道理，就可以知道这种现象形成的原因。这就好比生命的存在是意识的流注，意识流注就是我们的意识、思想，像河流一样不停地流淌。我们的情绪，都不过是意识流注而已。这意识流注也像车外风驰电掣，"嗖——嗖——嗖——"不停地扑来飞去。除了人的生命不停地流注外，宇宙的生命，也是意识流注，从而形成了万象。

"非彼无我，非我无所取。是亦近矣，而不知其所为使。"能够像这样去了解就差不多了。但是，还不是完全对，只是差不多而已。为什么说是差不多呢？因为我们还没有真正找出生命中的那个能够使我们思想、使我们身体有感觉的主宰。

"一定要把油门踩到底，一定要把刹车踩到底！"

"以为你能对抗拐弯处的冰雪（的力量）吗？不可能的，不要与大自然对抗！"

"好好利用拐弯时候的失控，让你的车漂移起来！"

赛车教练是三人一组的，一个德国主教练，一个中国教练，还有一个翻译，他们三人轮番在对讲机里面喊着，让整个赛车场除了激情以外，更多了哲理和箴言的氛围。

3. 思议不可得

这次主办方一共安排了十几种车型一百多辆车给我们进行"冰雪赛车"，这冰上的赛道一共有六条，总长三十公里左右，此外还安排了一条草原上的越野路线。车多人也多，我们大家换车也勤快，拍照也勤快，而且基本涵盖了各种车型，所以竟然发生了有那么几款车"找不到"挡位操作杆的情况，只好冲着对讲机问教练，闹出许多笑话来。

若是自己的车，是舍不得这么猛踩油门、猛踩刹车的，更加不可能为了让车漂移起来把速度提到这么高。一位同车的车友一边兴奋地漂移，一边冲我嚷嚷："太爽了，淋漓尽致的感觉，太舒畅了！"这位来自湖南的小伙子不停地在我耳边感叹着，就这样，我们两个在车上一起相伴了几乎整整一天。我们给彼此拍照、录像，讨论赛道，分享驾乘感受，也切磋着车技，较量着赛车成绩，彼此鼓励和打气。

有那么两次，德国教练嫌弃我们的车技，通过对讲机教训我们，因为我们转弯幅度太大，导致车子陷在冰面上不能动弹。我们俩却在车上笑，这才是我们这次来这里的参加赛车的目的啊——经历没有经历过的事情，经历以后不会再有的经历。

找不到

其有真君存焉？如求得其情与不得，无益损乎其真。一受其成形，不亡以待尽。与物相刃相靡，其行尽如驰而莫之能止，不亦悲乎！

——《庄子·齐物论》

"其有真君存焉？"在我们的身上找找看，里面是不是有一个真正做主的东西（主宰）存在？"如求得其情与不得"，若是找出来了，好像找到了有那么一点点的影子，或者找不出来生命的主宰。"无益损乎其真"，都没有关系，对现有的生命也少不了什么，还是可以照旧活下去。对于那个真正的生命主宰来说，不管我们找得到或找不到，对它都是没有损失或收益的。"一受其成形，不亡以待尽"，有了这个生命，我们觉得算是活着吧，而实际上呢，却是在等死，也就是说我们活着在干什么？活着就是在等死啊！

能不能找到汽车挡位操作杆，对于在赛道上驰骋的车和车手都没有关系，更不会影响我们极速赛车的整个体验。赛道上的勇猛奔驰，不过是奔向赛道的终点罢了，抑或是，就只是这么一路极速驰骋，无所谓终点？

"与物相刃相靡"，与物质世界的一切，彼此都像一把刀那样，互相争斗着，互相克制着，互相欺骗着，也在互相侵害着。就像善与恶、福和祸，在彼此的侵害中，彼此又感觉非常享受。"其行尽如驰"，生命一天天地向前走，走向那个我们管它叫"尽头"的方向，行走的速度就像这赛道上奔驰的赛车一样快。我们想把生命停留在某个阶段不向前冲，那是不可能做到的。生命永远像赛车一样在那里驰骋，"而莫之能止"，不会停止，也没有办法把我们的生命永远停留在这个现实的世界里，"不亦悲乎"，多么可悲啊！

真的如此凄惨吗？在赛道上的感受实实在在、真真切切，是淋漓尽致的舒畅体验！

太爽了

终身役役而不见其成功，苶[1]然疲役而不知其所归，可

1　苶: nié。

不哀邪！人谓之不死，奚益！其形化，其心与之然，可不谓大哀乎？

——《庄子·齐物论》

庄子这一段文字，或是把芸芸众生整个人生都描写进去了，一辈子忙忙碌碌，为何呢？不过是"终身役役"，一辈子都在做别人的奴隶、做物质的奴隶、做自己身体的奴隶，"而不见其成功"，末了，一事无成地走掉了。"茶然疲役而不知其所归，可不哀邪！"就是这样吧，我们每一个人都在为生命而疲劳到了极点，一辈子都被奴役而处在疲劳的状态之中，结果却找不到那个真正的归宿，真是太悲哀了！"人谓之不死，奚益！"就算有的人通过修道而长生不死，又有什么用呢？"其形化，其心与之然，可不谓大哀乎？"我们的形体不断在变化逐渐衰竭，心理自然也就跟着形体的影响而衰竭，这是真正的大悲哀啊！

是啊，在冰面上驱车跑了个把小时后，先前的那种激动心情慢慢归于平静，思绪也转入到了一种对生命的反诘之中。

人之生也，固若是芒乎？其我独芒？而人亦有不芒者乎？

——《庄子·齐物论》

"人之生也"，人生啊，"固若是芒乎？"就是这样莫名其妙茫茫然吗？"其我独芒？"还是就我自己没有明白、没有悟道而茫茫然？"而人亦有不芒者乎？"而世人也有找到了生命的本来而不茫茫然的吗？这样的人，能因为找到了生命的真谛，而感到活得有意义，才感到活得舒坦吧！

我们常说，要让自己的人生变得有意义，关键的或许就是要找到那个所谓的"真谛"吧。当然，这个生命的真谛没办法用言语说清楚，若是说出来了，就已经不是那个真谛了——因为一经由我们讲出的话，就已经带有主观倾向了，那个自以为的客观就是主观了。

于是，就有"拈花一笑"的故事广为流传，也就有了"一生二，二生三，三生万物"。有一次到青岛出差，晚上和当地朋友喝酒，喝酒前我们问青岛人，今晚准备喝多少？其中一个朋友马上向我们伸出一只食指来，表示可以"一直喝"。另一位年纪稍长的朋友则把中指弯曲下来，竖起四根手指给我们看。我们一开始没弄明白，直到旁边的朋友告诉我们，这是不是"无中指"啊？原来他要跟我们喝到"无终止"。"一直喝""无终止"，当然只是一种人与人之间的心意，能不能领悟其中的真谛，就要看我们各自了。

没有过

是以圣人不由，而照之于天，亦因是也。是亦彼也，彼亦是也。彼亦一是非，此亦一是非。

——《庄子·齐物论》

"是以"，所以说，"圣人不由，而照之于天，亦因是也"。得道的人，不由自主地不替后天做主，而是很自然地以天道自然为镜子照它一照。或许，虽然认为自己现在是非都不动，但是也不管对或不对，也不落空也不落有，难道这就算是得道了吗？"亦因是也"，仍然只是我们自己主观认定罢了。"是亦彼也，彼亦是也。彼亦一是非，此亦一是非"，世上的思想、观念，各人有各人的一套是非对错罢了。

因此，有句话说得好："要么身体去旅行，要么灵魂去旅行。"当我们通过旅行，增长了自己的见识，师心自用或许就能少些吧。这次海拉尔之行，见到的是新鲜的，尝试的是新鲜的，体验的是新鲜的，感受也的是新鲜的……所以，身体、思想和灵魂都获得了滋养。

果且有彼是乎哉？果且无彼是乎哉？彼是莫得其偶，谓之道枢。枢始得其环中，以应无穷。

——《庄子·齐物论》

那么，"果且有彼是乎哉？果且无彼是乎哉？"究竟哪个是真正的对，哪个又是真正的不对呢？"彼是莫得其偶，谓之道枢。枢始得其环中，以应无穷。"真正的道，不是相对而是绝对。既不是空也不是有，既不是是也不是非，既不是恶也不是善。离开了一切的相对以后，可以说把握了道的那个中枢了；但是，如果认为这就是得了中观，那就落偏了。把握了道的这个中枢时，出世入世都可以"以应无穷"，因为无始无终。

是亦一无穷，非亦一无穷也。故曰莫若以明。

——《庄子·齐物论》

"是亦一无穷，非亦一无穷也。"一切的观念和理论，都是"公说公有理，婆说婆有理，有理说不到底"，都是无穷的。"故曰莫若以明"，所以说，最好是明道，明道了以后，是非皆明。

虽然车子几次陷在冰面上动弹不得，影响到整个小组十几辆车停在赛道上，等待救援，但是，我们心里却没有一丝委屈，更没有负罪感和愤怒感。因为这才是我们不远千里、不远万里来到这冰天雪地的目的啊。

4. 觉梦双清事

中午时分，回到营地，营地内却是热气正浓。

美丽的冰雪精灵以她们的微笑迎接我们这些凯旋的车手，在这冰天雪地里衬托出她们的热情，让我们的心里甚是温暖，我们的情绪甚是缠绵……

刚脱下羽绒外套，就听到有人在招呼大家往落地玻璃窗外看。原来，有位身材婀娜的姑娘，正在外面表演"泼水成冰"。正午的太阳当空直照在她身上，就像聚光灯打在舞台上的主角身上一般，只见她手拿着一个保温杯，屈腿弯腰，一跃而起，就把杯里的热水朝空中泼去，瞬间，在她的四周就形成了美丽的冰霜，把她包裹在中央……好一幅"如梦幻泡影，如露亦如电"的美景！

此时,耳畔传来的竟然就是《雪落下的声音》的旋律——

轻轻，落在我掌心 / 静静，在掌中结冰 / 相逢，是前世注定 / 痛并，把快乐尝尽 / 明明，话那么寒心 / 假装，那只是叮咛 / 泪尽，也不能相信 / 此生，如纸般薄命 / 我慢慢地听 / 雪落下的声音 / 闭着眼睛幻想它不会停 / 你没办法靠近 / 绝不是太薄情 / 只是贪恋窗外 好风景……

多么应景的一首歌啊！

于是，我赶紧把刚才手机录下的视频制作成了短视频，并以这首《雪落下的声音》作为配乐——这是我的"应作如是观"吧。

一会儿，泼水姑娘进来了，满脸堆笑，满身的冰花、满身的欢喜。旁边有个小伙子正给她手机，应该是在给她看刚才泼水成冰的视频。

泼水姑娘径直朝我们这桌走来，并坐在我旁边的位置上。原来，她也是我们这组的成员。她跟我们介绍，她来自黑龙江，这次是跟着新婚的先生一起来的，也算是一次新婚甜蜜之旅。刚才那个帮她拿手机的，就是她的先生。

好一对璧人儿，好"一切有为法"！

突然，好想念，家里的妻儿……

通而为一

唯达者知通为一，为是不用而寓诸庸。庸也者，用也；用也者，通也；通也者，得也；适得而几矣。因是已，已而不知其然，谓之道。

——《庄子·齐物论》

"唯达者知通为一"，只有真正得了道、通达的人才能了解这个通而为一的道理。所以得了道的人，"为是不用而寓诸庸"，始终是不用固执己见寄寓在事物的功用上。"庸也者，用也；用也者，通也；通也者，得也"，也就是只有得了道的人，才得这个庸，中庸之庸的作用。因为，"适得而几矣"，用而恰当，用而适可。"因是已，已而不知其然，谓之道。"意思就是，庸也不是庸庸碌碌，并不是我们现在称呼笨人为庸人的庸。庸不是马虎，不是差不多，而是得其环中，恰到好处。高度的智慧，高到了极点，但是看起来很平凡，这个才是庸的道理，得其环中之应用。

当我们有了这个道，最后在用的时候，不觉得是道，也不觉得自己是智慧，而是很平凡地用。恰如那些美丽的工作人员的微笑，在这冰天雪地，让人们心里温暖、情绪飞扬。

朝三暮四

劳神明为一而不知其同也，谓之朝三。何谓朝三？狙公赋芧，曰："朝三而暮四。"众狙皆怒。曰："然则朝四而暮三。"众狙皆悦。名实未亏而喜怒为用，亦因是也。是以圣人和之以是非而休乎天钧，是之谓两行。

——《庄子·齐物论》

这就是我们所熟悉的成语"朝三暮四"的出处。

从前，有一个狙公，就是养猴儿的老人，就是动物饲养员，他应该养了好多猴儿。那些猴儿喜欢吃板栗，这个老人本来早晨喂它们四个，晚上喂它们三个。突然有一天，老人突发奇想地对猴儿们说："从明天开始，早晨喂你们吃三个，晚上喂你们吃四个。"这下可好了，猴儿们跳了起来："这个可不行啊，会受不了的，会饿的。"于是，老人嫌烦，就说："不要吵了，还是照旧，早晨喂四个晚上喂三个吧。"于是，猴儿们个个乖乖地说："好，这样可以。"

虽然"名实未亏"，板栗一天还是喂了七个，并没有变化，只是把观念变一变，大家就都受不了了。天下事有时要改变很难，有时必须违背大众的意思，坚持正确的政策，就要有这个担当，要说服大众体谅那是为了长远利益；有时候和自己的私欲冲突，就只能牺牲自己的利益了，这也是难能可贵的。

这跟西方经济学中的"帕累托最优"多少有些相似，或值得我们从中获得启发。帕累托最优，也称为帕累托效率，是指资源分配的一种理想状态，假定固有的一群人和可分配资源，从一种分配状态到另一种状态的变化中，在没有使任何人境况变坏的前提下，使得至少一个人变得更好。帕累托最优状态就是不可能再有更多的帕累托改进的余地，也就是说，帕累托改进达到帕累托最优的路径和方法。帕累托最优是公平与效率的"理想王国"。

"是以圣人和之以是非而休乎天钧，是之谓两行。"形而上的道无是亦无非，无善亦无恶；形而下则有是非、有善恶。得道的圣人处形而下道，也就是在人与人之间，以"和"之以是非，也就是懂得调和是非善恶。

所以，在五百年前，王阳明已向世人道破："无善无恶，有善有恶，知善知恶，为善去恶。"这是层层递进的一切世间的法吧。

窗外风景

是非之彰也，道之所以亏也。道之所以亏，爱之所以成。

——《庄子·齐物论》

世间事，有是非就有争斗，这个事情一演变发展，人离道就会越来越远。所以，"是非之彰也，道之所以亏也。道之所以亏，爱之所以成"。我们普通人是有私心的，这个私心也就是偏爱，私心的爱好越来越重，人的自私心也就越来越严重。

庄子说，道体，宇宙万有的本体，本来是绝对的，是同一的，是一体的。因为这个道体起作用的时候，一切万类的现象出来就不同。所谓不同，只是现象、作用的不同，但道体是一样的。就像这窗外的风景，泼水成冰的水，它的性质就是潮湿，至于水有清水、有浑水，或者变成各种咸淡等味道的不同，但是水的性能没有变，只是作用、现象变了而已。

> 有成与亏，故昭氏之鼓琴也；无成与亏，故昭氏之不鼓琴也。
>
> ——《庄子·齐物论》

"有成与亏，故昭氏之鼓琴也"，昭文在弹琴的时候，他的琴音在表达世上有盛衰成败。"无成与亏，故昭氏之不鼓琴也"，当他弹琴到最后一声，只要手一停，声音就静寂，人也忘了自我，天地皆空，不需要弹这个琴了。

这段是描写昭文弹琴，他的琴艺近乎道的境界了。当然，只有当他有感于人生宇宙万有成亏、成败盛衰的许多感情都来的时候，才会去弹琴。当弹琴结束的时候，一声不响，所谓天地人物皆空，这个时候，就是合于道的体。

一首《雪落下的声音》，是宫斗剧的旋律，却道尽了人生宇宙万有成亏、成败盛衰的情感。一切的艺术都是人的情感发挥。在感慨喜怒悲欢之间，用艺术形式表达出来，都是同一个道理。人的整个喜怒哀乐，就是"成败盛衰"四个字。也就是说，在成败盛衰之间，引起了人的喜怒哀乐。

世间法、出世间法都一样，修道与做人都是一样，人要明白知机，把握住自己生命的重点。不知机的话，就是对自己的生命、自己的人生开玩笑。这个"知机"，就音乐艺术的境界来讲，叫作灵感，要把握住这个灵感。也就是我们每个人，都要懂得把握住自己的长处，专注于一项擅长的，这样就不可能不成功的吧。所以，孔子说："知之者不如好之者，好之者不如乐之者。"任何学问，任何事情，入了迷，好像发疯似的，一定能成功。世界上其他外在的一切东西，都不在话下，都不会停留在心目中，这才是人的"成功之路"。

新人婚了

一与言为二，二与一为三。自此以往，巧历不能得，而况其凡乎！

——《庄子·齐物论》

天地间，"一与言为二，二与一为三"，一生二，二生三，"自此以往，巧历不能得"，过了三这个数以后，无穷尽的发展，善于计算的人都不能算得清，都下不了一个结论。"而况其凡乎！"更何况我们这些凡夫俗子呢！

《圣经》里说，上帝在亚当睡觉的时候，用他身上的一根肋骨造出了夏娃。有一天，亚当和夏娃二人在伊甸园偷吃了禁果，然后被上帝赶出了伊甸园，而后有了全人类，才有了人伦道德。这正是"一生二，二生三"，而后无穷尽地发展。

昔者十日并出，万物皆照，而况德之进乎日者乎！

——《庄子·齐物论》

"昔者十日并出"，上古时候，天上有十个太阳，"万物皆照"，光明遍照万物。"而况德之进乎日者乎"，何况你尧帝爱天下万民的道德心，比太阳还要光明。这里说的人伦之道，也是仁慈的真谛。

夫妻之道、父子之道，凡是人伦之道，心里都要像太阳那样，要爱护、宽容，少来夫妻老来伴嘛。

昔者庄周梦为胡（蝴）蝶，栩栩然胡蝶也。自喻适志与！不知周也。俄然觉，则蘧蘧然周也。不知周之梦为胡蝶与？

胡蝶之梦为周与？周与胡蝶，则必有分矣。此之谓物化。

——《庄子·齐物论》

　　庄周自己说，他之前做了一个梦，梦到他自己不知道自己是庄周了，觉得自己是一只蝴蝶，飞得舒服极了。"自喻适志与"，在那个时候，梦到自己成了蝴蝶，真舒服啊。"不知周也"，都不知道自己是庄周了。"俄然觉，则蘧蘧然周也"，一下子梦醒了，哎呀，自己还是周庄呢。"不知周之梦为胡蝶与？胡蝶之梦为周与？"这一下糟糕了，搞不清楚究竟是蝴蝶在梦中化成了庄周，还是庄周在做梦梦到了蝴蝶呢？"周与胡蝶，则必有分矣"，究竟是庄周变成蝴蝶，还是蝴蝶梦到了庄周呢？这个中间一定有个分别，一定有个主宰的，有个道理的！"此之谓物化"，道家对人死叫物化，是另一个生命变化的开始。

　　庄周梦蝶总关联，就像梁山伯、祝英台一样变成了蝴蝶，也像这对小夫妻携手赛车，激情飞扬吧。

　　真把握了物化之主才能够逍遥，真把握了物化之主才能够齐物。悟了此道，醒梦一如——白天跟梦境一样，梦境跟白天一样吧。瞧，这对小夫妻，在这冰天雪地里柔情蜜意的，真是羡煞旁人！

第三篇 / 养生・慎独处

1. 为善无近名

有了上午那点赛道上的经验，下午再上冰雪赛道的时候，就变得熟练和有趣了。大家都更积极地分享自己的感受和体会，也更注重漂移的质量和速度，以及不同车型、不同排量、不同驱动、不同用途等专业性能的比较，这些非专业选手显得好像变得很专业似的。

最后，我们被领到一条真正的比赛赛道上。教练说要检验这一天下来的成果了，所以，来一场计时比赛！全程总共两公里，一样的车型，一样的动力系统，一样的排量和驱动模式，每次出发一辆车，教练坐在副驾驶座计时，每违规操作一次加五到十五秒，最后以用时最少的取胜，并进行排名。

这是一条陌生的赛道，全组人都是第一次开这条赛道，所以从这个角度来讲，也是公平的。不过，坐在副驾驶座上的却是两个教练中的任何一个，要么德国教练，要么中方教练。我是第五个出发的，坐我旁边的是中方教练。或许因为语言相通的关系，抑或因为我的驾驶技术实在太差，这人话多得不得了——"快加油门！""快踩刹车！""快！快！快！"然后，在他的"指导下"，终于在一个拐弯角的时候，一脚油门踩下去，车子冲出了赛道！

"你这驾驶技术啊！"终于到达了终点，教练还在车上抱怨我车技太烂，"你平时都开什么车啊？"

"SUV！"

"难怪了，这就难怪了！"

赛车手

吾生也有涯，而知也无涯。以有涯随无涯，殆已！已而为知者，殆而已矣！

——《庄子·养生主》

庄子在这里告诉我们，人的生命是有限的，学问和知识却是无穷尽的，如果用有限的生命去追求那无穷尽的知识，这样做实在是太辛苦。"已而为知者，殆而已矣"，我们以有限的生命，跟在无穷尽的知识后面追赶，这是非常疲惫的生命体验啊!

其实,这就是养生的道理。

人要想长寿,就要先懂得养生,懂得了养生虽然不能长生不死,却能延年益寿。实际上,我们一般人不仅不注意养生,还在不停地消耗着生命。"不亡以殆尽",虽然还是活着的样子,却像是在那里等死,因为我们自己不懂得如何真正地养生。

世间的知识是无限度、无穷尽的,我们以为获得了了不起的学问,以为自己的智慧很高,有多么了不起,这只是在自找麻烦罢了。学问真到了极点的时候,道理就都明白了,就能"入乎其内,出乎其外",不仅进得去而且跳得出,然后把自己脑子里的一切放空,成了一张白纸,到这个境界时,才可以真正地去养生,才可以谈道了。

不像我们这些"赛车手",只是学会了说几个专业名词,根本连边都够不到,何谈"专业"二字?若是真洞明、真练达了,就会由极高明而到达平凡。

如何去做呢?

提一秒

为善无近名,为恶无近刑。缘督以为经,可以保身,可以全生,可以养亲,可以尽年。

——《庄子·养生主》

"为善无近名"，做善事应该做到不要有求名之心，别人不知道我们在做善事；"为恶无近刑"，就算做些免不了的坏事，也不要达到犯法的程度，要保证不遭到刑戮之害。"为善无近名，为恶无近刑"，就是善恶之间恰到好处。

"缘督"，以督脉为主，保持健康，是我们养生之道，以生命的气化使健康一节一节向上爬；"以为经"，要真想保持整个身心的健康，督脉必须保持绝对的健康。"可以保身"，可以保护身体祛病延年；"可以全生"，可以保持天性，让一辈子很幸福、很快乐地活着，全始全终；"可以养亲"，可以孝养父母照应家庭子女；"可以尽年"，可以活到真正要死的时候才死，也就是人们常说的尽了天年，而不会横死。

所以，养生之道要止于至善，有三个要点：一是养生，把自己的身心休养到不烦恼不痛苦，虽然有学问、有思想、有知识、有经验，但是不被其所困，做到能够解脱这一切，放得下，很安详、很快乐地过一生；二是止于至善，在人生的行为举止上，绝对要走至善的路子，不能走歪路；三是缘督以为经，必须保持督脉的绝对健康。

等大家都赛完了，排名也就出来了。虽然因为冲出赛道而被加了五秒，我依然排在全小组的第三名，比第一名多了三秒。若不是被罚了五秒，我就是第一名了。同为中方教练员计时的同志们都在抱怨：若这位话痨教练能够把嘴闭上的话，我们就能再提高一两秒！

2.天地一指去

业余车手们的正式比赛结束之后，就到了真正的赛车手——教练们，带着我们狂飙冰雪的激情时光。

带我飙车的正好就是那位话痨教练，两公里的冰雪赛道，很快就被他漂移完了，稳稳当当、轻轻松松的。

"怎么样？"教练得意地冲我说。

"太厉害了！"我冲他竖起大拇指。

他们在赛道飙车，就像我们在家里玩赛车游戏，油门一踩到底，然后只管顺着赛道轻打方向盘，只是在进入弯道前猛踩一下刹车，轻拨方向盘，车就很稳当地漂移过去，紧接着又是油门踩到底，一路到终点！

厉害！我们体验过的人，都不知不觉地给他们竖起了大拇指，在这冰雪天地间，一指见自然。

专业车手

庖丁为文惠君解牛，手之所触，肩之所倚，足之所履，膝之所踦[1]，砉[2]然响然，奏刀騞[3]然，莫不中音。合于桑林之舞，乃中经首之会。

——《庄子·养生主》

这段文字在中学的语文课本里面都有，叫作《庖丁解牛》。这段文字说的是庖丁为文惠君表演杀牛，"手之所触"，把牛绳转到牛鼻旁边，手在牛背上一拍；"肩之所倚"，肩膀这么一靠，牛就被靠到地上去，跪了下来；"足之所履"，脚一抬压到牛身上；"膝之所踦"，膝盖抵住牛的软肋，"砉然响然，奏刀騞然，莫不中音"，杀牛刀在牛脖颈上轻轻一拉，牛就倒下去，动作干脆利落，牛哼都不哼一声，就毙命了。"合于桑林之舞，乃中经首之会"，看庖丁杀牛的过程，简直就是在欣赏跳舞表演，既合乎《桑林》舞曲的节拍，又合乎《经首》乐章的节奏，他那个刀子下去，牛的骨肉都分离了，

---

1 踦: yǐ。

2 砉: xū。

3 騞: huō。

头上轻轻拉一下，整头牛的皮都脱开了。

庖丁杀牛技术之熟练，已经到了如此高明的程度，本是杀生的行当，却达到了艺术的境界。实际上，这也能让被杀的牛减少痛苦吧。我们这些业余车手只懂拼命踩油门，猛打方向盘，车子的损耗当然很厉害，我们自己也搞得筋疲力尽。可是，再看那些专业的车手，他们就像在家里玩游戏，该踩该放油门恰到好处，轻推轻拉方向盘，车子的轰鸣声就像在舒服地吟唱。

> 文惠君曰："嘻，善哉！技盖至此乎？"
>
> ——《庄子·养生主》

梁惠王站在那里看他杀牛，等看完了，不禁惊叹，"嘻，善哉！"好极了！"技盖至此乎？"你这个杀牛的本事怎么这么厉害啊！梁惠王的这种感叹，或许恰如我们对赛车教练们高超的车技的感叹吧。我还能想象一下，站在梁惠王身边的大臣们一个个都向庖丁竖起了大拇指，就像我们在冰雪天地间向教练们竖起的大拇指吧。

赛道飙车

庖丁释刀对曰："臣之所好者道也，进乎技矣。始臣之解牛之时，所见无非全牛者。三年之后，未尝见全牛也。

方今之时，臣以神遇而不以目视，官知止而神欲行。"

——《庄子·养生主》

　　这段文字，是一个杀牛人在向梁惠王传道，恰巧被庄子"记录"了下来。

　　听到文惠君那么说，"庖丁释刀对曰"，庖丁很优美地把刀一摆，就说，"臣之所好者道也，进乎技矣"，我呀因为好学道，并用道的精神来做任何事情，技巧也都高明了，所以才有这般的高超技术呢。冰雪赛道上的这些真正的赛车手，估计也是如此吧，以道的精神在开车，虽然漂移甩尾，车内的人并不觉得摇晃激烈，"所好者道也，进乎技矣"。

　　庖丁接着说："始臣之解牛之时，所见无非全牛者。"我刚开始学杀牛的时候，看见的只是完整的牛。"三年之后，未尝见全牛也"，三年后看到的牛都不是完整的牛，因为技术和经验都到了新的境界，看到的都是牛的内部结构。"方今之时，臣以神遇而不以目视，官知止而神欲行"，到了现在，我杀牛进入了精神的境界，不用眼睛看就能达到这个境界，五官、生理的机能有意停止也停止不了，那个精神的境界自然就发挥出来了。

　　庖丁说的杀牛技术，最重要的一点，就是已经达到了道的境界。任何一项专业的技术，进入到出神入化的境界，都不是用头脑和肉体的官能，而完全是神行的，就是精神一致自然流露出来的。杀牛是这样，赛车是这样，经商是这样，写作也是这样。

依乎天理，批大郤[1]，导大窾[2]，因其固然。技经肯綮[3]之未尝，而况大軱[4]乎！良庖岁更刀，割也；族庖月更刀，折也；今臣之刀十九年矣，所解数千牛矣，而刀刃若新发于硎[5]。

——《庄子·养生主》

庖丁以自己杀牛的技术体会，说明了一个大道理。"依乎天理，批大郤，导大窾，因其固然。技经肯綮之未尝，而况大軱乎！"他说，当他的技术达到"官知止而神欲行"境界的时候，这个杀牛刀下到牛身上，不是呆板的，而是根本就不用过多的思考，那个刀顺着牛身体的结构，依乎天理而欲行，很自然就滑下去了。"批大郤，导大窾"，就是牛身体大关键的地方，在这些大关节空隙的地方，顺着牛身上自然的结构运刀，一刀下去把它解脱开来了，"因其

1　郤：xì。

2　窾：kuǎn。

3　綮：qìng。

4　軱：gū。

5　硎：xíng。

固然"，那些生理有它当然的关键地方，自然就解脱开了。

"技经肯綮之未尝"，就是这个刀下去经过枝节的地方，脑子里都没有在想，顺着刀势就下去了，即使经络相连，筋骨交错的地方都不会碰到。"而况大軱乎"，何况那些大骨，它们中间的缝隙更大，刀子在旁边一溜就转过去了，大骨就解脱了。

实际上，做人做事的道理也当是如此，要追求到达超越的境界。不管我们怎样做事，做领导、做老板，或者做下属、做职员，要解决一个问题，也就是依乎天理，用自然治世。"批大郤，导大窾"，关键要点的地方解开了，主要矛盾解决了，整个事情就好办了。当然，不需要勉强做的，是"因其固然"而来，所以那些枝节的地方根本不用理。因为是顺其自然的，枝节的地方跟着关键的地方就解开了，当然不会有什么阻碍。

"良庖岁更刀，割也"，那些技术好的杀牛人，一年换一把刀，他们是在用刀割筋肉。"族庖月更刀，折也"，普通的杀牛人，一个月换一把新刀，那是在砍剁牛的骨头，更容易损耗。"今臣之刀十九年矣，所解数千牛矣，而刀刃若新发于硎"，我现在这一把刀，用了十九年，没有换过，这一把刀杀了数千头牛了，你看我这刀刃，锋面还像新的一样，没有缺口，很锋利。

这几句话意义很深，就像海拉尔冬天的风景天然是文章，要我们自己去体会。

彼节者有间，而刀刃者无厚，以无厚入有间，恢恢乎其于游刃必有余地矣。是以十九年而刀刃若新发于硎。

——《庄子·养生主》

"彼节者有间"，牛身上那个关节，不管多严密，都是有空隙的。"而刀刃者无厚"，可是这把刀的锋利，在我手上已然变得没有了厚度。"以无厚入有间"，以这一把无形没有厚度的刀进入那个空隙中去，"恢恢乎其于游刃必有余地矣"，自然是游刃有余的。"是以十九年而刀刃若新发于硎"，因此，我的这把刀用了十九年，还像新刀一样。

这就是"保持初心"的本意。人能够永远保持"初心"，像这冰天雪地般的纯洁，不受外界环境影响污染，永远保持那个光明磊落、坦白纯洁，就是老子说的"如婴儿乎"！也就是庄子所说的这把杀牛人的刀，永远不坏，永远常新的道理。

我们为什么不能像真正的赛车手那样稳稳地飙车呢？因为受了外界的影响，而产生情绪上的变化，进而影响到了驾车的稳定。如果我们能够始终保持头脑清醒，像这个杀牛人的这把刀，不硬砍、不强剎、不硬来，何止是飙车稳定，还能永远保持生命的健康，永远保持自己的青春呢。

一脚终点

"虽然，每至于族，吾见其难为，怵然为戒，视为止，行为迟。动刀甚微，谍[1]然已解，如土委地。提刀而立，为之而四顾，为之踌躇满志，善刀而藏之。"文惠君曰："善哉！吾闻庖丁之言，得养生焉。"

——《庄子·养生主》

虽然这样，"每至于族"，当我遇到筋骨盘结的地方，"吾见其难为"，我看不容易下刀，"怵然为戒"，自己不免警觉起来，"视为止"，眼神专注，"行为迟"，动作放慢。"动刀甚微"，把刀慢慢地、很小心地划下来，"谍然已解"，啪嗒一声，整头牛都解开了，"如土委地"，就像泥土散落一般。"提刀而立，为之而四顾，为之踌躇满志，善刀而藏之"，这时，我提刀而立，像个大英雄打了胜仗一样，站在高台上环顾四周，觉得自己就是个英雄，把刀擦得干干净净，再用布包好，好好地放了起来。

梁惠王听庖丁讲完，感慨地说："我听了你的这般说道，让我懂得了养生的道理啊。"

在这人世间做人、做学问若要修行到最高境界，就是

1　谍: huò。

要以最平凡、最底层的人为自己的老师、榜样。如果我们做人、做学问总以为老子天下第一，那注定是会失败的。所以，我们要小心更小心，谨慎再谨慎！

谨慎不是自卑，也不是胆怯，也不是自我颓废，只是小心应对，这就是真正的修行的法门。

3. 薪尽火传来

　　呼伦贝尔的严冬，海拉尔草原的傍晚，陈巴尔虎旗如荼的夕阳，呼和诺尔似火的光照。

　　根据主办方的安排，我们登上了最新款的越野车。我还是跟赛车时候的那位湖南小伙子同车，此外还加入了一位北京爷们儿，三人共乘一车。先是湖南小伙子开车，我们紧随在首车教练车后面。一驶出营地停车场，我们就被映入眼帘的景色震撼到了——半边天被夕阳烧得火红，高速公路一直延伸到火的最深处。我们仨都不约而同地一边惊呼漂亮，一边掏出手机来拍照、录像。

　　"头车后面第一辆怎么回事！"正陶醉着呢，对讲机里传来刺耳的喊叫，"请注意安全！请注意速度！请注意方向！"

"小伙子！注意开车！"我们这才发现，开车的湖南小伙子也在用手机拍照！

"好好好！"小伙子不好意思地说，"一会儿你们把照片、视频都发给我啊！"

在高速公路上行驶了没一会儿，头车就领着我们下了高速，开上旁边的崎岖小路去了——感受驰骋草原的野性！

"请后面所有车都注意！一定要跟紧前面的车，一定不要把车开到旁边的草场上去。现在的草场很脆弱，如果我们这个时候把车随便开进草场，里面的草一定连根都会被轧死。这片草场关系到当地牧民们的生存，请务必谨慎驾驶！"

于是，十几辆车连成一线，紧跟着头车，在这片草原上享受着夕阳下的自然恩典。

在草原上开车，是自由的，一望无际，一马平川；在海拉尔开车，是潇洒的，车内燃情，境界清凉；在夕阳中开车，是震撼的，深红笼罩，鱼贯而行……

这款车的座椅竟然是按摩座椅！草原上，夕阳下，我们都开着越野车听着歌，做着按摩唠着嗑，好一个惬意人生的境界！

自　由

公文轩见右师而惊曰："是何人也？恶乎介也？天与，其人与？"曰："天也，非人也。天之生是使独也，人之貌有与也。以是知其天也，非人也。"

——《庄子·养生主》

"公文轩见右师而惊曰"，公文轩看见右师很惊讶地说，"是何人也？"这是个什么人？"恶乎介也？"怎么只有一只脚啊！"天与"是天生就这样的吗？"其人与？"还是后天因为生病、祸患什么原因而变成一只脚残缺的呢？

右师说："天也，非人也。"这是天生的，换句话说，不管是天生也好，生病祸患搞成也罢，反正"天之生是使独也"，都是天命要我用一只脚生活在这个世间的，那我就一只脚来生活吧。"人之貌有与也"，每个人身体的形态相貌虽不同，但是各人有独立的精神。"以是知其天也，非人也。"所以是天命，不是人为，很自然的事情罢了，没有什么特殊的。

一切都是相对的，我们认为一只脚的人不好看，怎知他却瞧着我们两只脚的人也没什么了不起啊！教练警告我们要专心开车，认为湖南小伙子在瞎搞，怎知他却觉得教练真怪，竟然无视眼前的美景。人生在世，顺其自然吧，有自己生命的形态和价值，尽量不受任何外界的影响，外界不能妨碍我们精神生命中独立的人格。

真正的独立自由，是精神和灵魂的独立自由，它要不受到外界的妨碍，这才是自由的本质吧。

泽雉十步一啄，百步一饮，不蕲畜乎樊中。神虽王，不善也。

——《庄子·养生主》

江河边上、旷野中的"泽雉"即野鸡，"十步一啄"，走十步路才啄到一口食，"百步一饮"，再走几步路，走得远了一些，才能喝到一口水。"不蕲畜乎樊中"，它不愿意被关在笼子里，虽然关在笼子里天天有米吃、有水喝，但是整天就这么在笼子里关着，很不舒服吧，所以，它宁可肚子饿了在外面找虫子吃、找水喝，因为这才是自由啊！这个是它的生命，它并不希望被关在笼子里。

因为，"神虽王，不善也"，关在笼子里有吃有喝，精神虽然旺盛，但是并不自在。其实，这个夕阳笼罩的大地、笼罩的呼伦贝尔大草原也是个大笼子啊，我们大家不都是被关在笼子里吗？

我们的生命存在着、活着，每个人都有自己独立的生命价值，本是不需要受他人和外界影响的。真正的生命价值，在效法天然上，"参赞天地之化育"，才能超越这个樊笼。要想打破这个环境，自己一定要有打破环境的能力，创造天然的生命。

潇　洒

　　老聃死，秦失吊之，三号而出。弟子曰："非夫子之友邪？"曰："然。""然则吊焉若此，可乎？"

——《庄子·养生主》

　　"老聃死，秦失吊之，三号而出"，老子死了，他的朋友秦失来吊丧，看到了老子的尸体后，大哭了几声就走了。"弟子曰：'非夫子之友邪？'"老子的学生觉得很奇怪，就互相问，这个家伙不是我们老师的好朋友吗？"曰：'然。'"秦失听到他们这么说，就回复他们说，是啊！我是你们老师的好朋友啊！"然则吊焉若此，可乎？"老子的学生追问，我们的老师死了，你来吊丧，不行个礼，也不掉眼泪，就这么干号几声，这么做合适吗？

　　按照一般的人来说，看到朋友死了，怎么也得伤心欲绝、痛哭流涕。可是，这位秦失他偏不这么做，当他看到老子的尸体，只是象征性地哭了几声就要走了。所以，旁边的人看不下去了，学生们才会诘问他。实际上，秦失和老子是真朋友、真知己，他知道这位老友的潇洒，更知道自己的这位老朋友最讨厌别人在他尸体面前哭哭啼啼的，而这几声哭声已经算是给世俗人们的一种很积极的交代了。

曰："然。始也吾以为其人也，而今非也。向吾入而吊焉，有老者哭之，如哭其子；少者哭之，如哭其母。彼其所以会之，必有不蕲言而言，不蕲哭而哭者。是遁天倍情，忘其所受，古者谓之遁天之刑。"

——《庄子·养生主》

"曰：'然。'"老子的好友秦失说，当然可以啊！这么做正是对老朋友老聃的礼貌啊。然后，他接着说："始也吾以为其人也，而今非也。"我听到你们的老师死了来吊丧，还以为他是个了不起的人，现在到了这个地方一看，你们都是跟他学道的学生，结果学成这个样子，所以我认为他不是圣人，他没有资格做圣人，他也没有得道啊。

"向吾入而吊焉，有老者哭之，如哭其子；少者哭之，如哭其母。"秦失还说，刚进来吊丧的时候，看到有些年纪大的人来吊丧，哭得很厉害，好像是自己死了儿子一样伤心；许多年轻人来吊丧，哭得好像是自己死了妈妈一样伤心。哭是真情的流露，"彼其所以会之，必有不蕲言而言，不蕲哭而哭者"，所以他们会动了情感讲不出来，必然会哭，因为没有言语可以表达他们的情感而哭。

可是，这只是一般人的情感，而老子不应该是普通人啊，他是教导人要超越人情而出神入化的人，不但"哀乐不存于胸中"，连七情六欲都已经不动心了。这也就告诉我们：得道的人，生死也不入于胸中，生死是一体了，活着是张开眼睛在做梦，死了是闭着眼睛在做梦，生死都是梦中在游戏。

所以，秦失看到老子的学生动了真感情，在那里大哭大叫，他就说老子不是人，没有把学生教好，违反自然天理，"是遁天倍情"，是违反形而上道，"忘其所受"，忘记了生命的本来，"古者谓之遁天之刑"，对于生死看不开，违反自然，这是逃避自然的法则。

生命本来就是能积聚拢来，必定会有散开；到了最高处，必定要掉下来；有相会就有别离；有活着的生命，自然就有归宿的一天。知道了生命的本来，明白了有生必有死，了了生死，知了会合别离，才能有真正的潇洒。

震　　撼

适来，夫子时也；适去，夫子顺也。安时而处顺，哀乐不能入也，古者谓是帝之县解。

——《庄子·养生主》

秦失接着说，"适来，夫子时也；适去，夫子顺也"，一个人生来活在这个世界上，顺着生命自然之势而来，年龄到了要死的时候，也是顺着自然的规律。就是说，真正的生命不在现状，现状看到有生死，我们那个能生能死的东西，不在肉体的生死上，所以我们要去看通生死、了了生死。

"安时而处顺，哀乐不能入也"，随时随地心安理得，人生除死无大事，把生死的问题看空了，看自然了，自己不被后天的感情所扰乱了，哀乐不入于衷，内心不被哀乐所困扰。这是最高的养生修炼，也就是要把生命的道理看通了。"古者谓是帝之县解"，这个形而上生命的主宰，无法用世间的学问，世间的文字、语言来解释，而是要有最高的智慧去理解，才能了了生死啊。

指穷于为薪，火传也，不知其尽也。

——《庄子·养生主》

当能做到了了生死之后，"指穷于为薪，火传也，不知其尽也"，我们的生命就像火柴一样，把它点燃了，这个火传到蜡烛上去，当等到火柴烧完了，火柴的形象没有了，蜡烛接上那个光明，这一点光将永远传接下去。这就是"薪尽火传"，火柴烧完了，但是光辉永远绵延不断，精神的生命永远是亮的，而且是无穷无尽的。

其实，我们每一个人都会有某种自卑感，任何英雄、大人物都会有自卑感，都有受不了环境的刺激、环境的打击而感到自卑的时候。心理学家说，傲慢的人是因为他的自卑感太重了。正因为自卑感太重，自然就傲慢了起来，傲慢只是对自卑的防御，只是生怕别人看不起，所以要端出那个架子来。如果没有自卑感的话，就很天然，我就是我，我就是这个样子，别人怎么看我，我都是我，一切都很自然。

若能到达这个境界，就能真的认识自我，就能顶天立地。当我们活着的时候，能够看破生死，等到了年老病苦、生死来去的时候，就会无所畏惧，很坦然地接受一切，这就是对生死的不自卑。因为，死了没有到哪里去，我们那个能生会死的生命，永恒常在，薪尽火传，精神的生命之光永远是亮着的，"不知其尽也"，是无穷无尽的。

当我们驱车返回营地的时候，正踏着夕阳的余晖。此时，天边同时出现了太阳和月亮，这一幕似曾相识——一个是"薪尽火传"，一个是"日月同辉"……

第四篇

／人间·真快活

1. 荡德乎名毁

从驰骋草原采风回到呼和诺尔湖的冰上赛车场的时候，天边只剩下最后一点光亮。主办方已经准备好了最后一个冰面赛车节目——三十公里漂移体验！

这个冰雪赛车道，原来是个湖，如今冰封后，造出了六条标准赛道，最短的一条约一点五公里长，最长的一条约七公里长，六条赛道总长约三十公里。按照我们平常高速公路上行驶的速度，跑完这三十公里至少也得十五分钟吧。在这冰雪赛道上，德国赛车手带着我们，三十公里全程仅用了七分八秒！准确地说，是稳稳当当地漂移了七分八秒！

我就坐在副驾驶座上，全程录像，全程计时，感觉就像是在玩极品飞车电脑游戏一样。返回出发点，也就是终点，我兴奋地向德国赛车手竖起了拇指，"Wunderbar！"[1] 赛车手听到我说的是德语，兴奋地与我拥抱、合影。

从车上下来，才发现起风了，北国寒冬的那个风吹来啊，脑海里突然就奏响《白毛女》的那段旋律："北风那个吹，雪花那个飘……"

赶紧把风衣裹裹严实，就往营地里面走，也不敢跑，地上结冰，怕摔跤。等到了营地门口，回头望向赛道——赛车都已经亮灯，漂移还在进行，车尾溅起了冰霜，看着就像是开着屏的白孔雀在那里跳舞，好看极了。

极品飞车

> 颜回见仲尼，请行。曰："奚之？"曰："将之卫。"曰："奚为焉？"曰："回闻卫君，其年壮，其行独，轻用其国，而不见其过。轻用民死，死者以国量乎泽若蕉。民其无如矣。"
>
> ——《庄子·人间世》

这个故事实际上是庄子"假托"出来的寓言，读过《庄子》的人都知道，庄子是特别推崇孔子的，常常借孔子来讲入世和做人处世的道理。或许是因为孔子的学说主张是

---

1 Wunderbar：德语，意思是"太精彩了"。

偏重在人道，偏重入世的，所以庄子就"正言若反"地拿孔子来说事了。

《庄子》内篇七篇，第一篇《逍遥游》是要让我们要去获得解脱，若能真得了解脱，才能够达到形而上的道；证得道后，才能够平等、自在、齐物，于是就有了第二篇《齐物论》；真能够齐物以后，才懂得真正的养生，就有第三篇《养生主》；当懂得真正的养生以后，才可以做人，可以活在这个人世间，这第四篇就是《人间世》。庄子所说的人间世，就是如何"以出世之道，转而逍遥自在地生活在这个人世间"——这像那德国的冰雪赛车手，掌握了速度之道，转而逍遥自在地驾驭着汽车，在这光滑的冰面上任意驰骋，像风似箭也如电。

有一天，"颜回见仲尼，请行"，颜回向孔子辞行，他说，他想离开这里出国去。孔子问他要到哪里去。颜回说，他准备到卫国去。"奚为焉？"孔子问颜回，你到卫国去干什么呢？颜回向老师讲了一个道理，他说，"回闻卫君"，我听人家说，卫王这个人"其年壮"，年龄正在壮年，大有可为；"其行独"，但是，又听说卫王这个人治国、做人的行为作派非常独裁和自以为是；"轻用其国"，卫王对国家政治很随便，想怎么来就怎么来，不多加考虑；"而不见其过"，自己从不反省自己的过错。如此，导致"轻用民死"，因为轻用其国，而致其"民死"，老百姓受灾难、受罪过就很多了。

"死者以国量乎泽若蕉"，死的人太多了，这个数字多到可以拿国家来衡量，好像草芥填满了大泽。"民其无如矣"，卫国的老百姓走投无路了，颜回可怜卫国的老百姓，所以要去拯救他们。

我们青年人也是这样，总觉得世间若有不平事，都当挺身而出求作为，若不挺身而出就是逃避责任，就不是"大丈夫"的做派。可是，实际上真的是这样吗？《周易》警醒我们，"初九，潜龙勿用。"潜龙就是龙还是潜伏着的，有无比的能量，无比的价值，不过由于所处的位置太低了，所以要懂得"勿用"，不是不用，而是等待恰当的时机和位置再用。"潜龙勿用"是孔子一生的写照，也是孔子一生的践行。

回尝闻之夫子曰："治国去之，乱国就之。医门多疾。"愿以所闻思其则，庶几其国有瘳[1]乎！

——《庄子·人间世》

颜回接着说，"回尝闻之夫子曰"，老师您平常教导我们"治国去之，乱国就之"，已经治理好的国家不要去，去到好的国家只是拿高薪厚禄；有危难的国家一定要去，要救世救人。老师您还说"医门多疾"，一个好的医生门口，病人就很多。到卫国去可以为许多有"政治心理病"的人

1　瘳: chōu。

治病，所以颜回"愿以所闻思其则，庶几其国有瘳乎"，去卫国弘扬我在老师这里学到的道理原则，到那里去救世救民，我颜回去了也许就能把这个国家救好，把它的病治好。

这是颜回心中的想法和豪言壮语。跟我们这些来海拉尔参加冰雪赛车活动的有些人很像，很多人这次来海拉尔并不是跟我一样，单纯是为了要体验美丽的北国风光和赛车激情的，他们是想着来海拉尔捧个奖杯回去的。这或许是有问题的。

北风吹来

仲尼曰："嘻，若殆往而刑耳。夫道不欲杂，杂则多，多则扰，扰则忧，忧而不救。"

——《庄子·人间世》

孔子一听，"嘻"了一声，就幽默了颜回一下说，"若殆往而刑耳"，嘿，你去吧！你去了就会被杀头。"夫道不欲杂"，人生的大道理大原则都是同样的，不能杂，而是要专一；"杂则多"，若是道杂了，思想就多了、乱了；"多则扰"，思想多了就会让自己困扰；"扰则忧"，自己困扰就会产生烦恼忧虑；"忧而不救"，人有烦恼忧虑在心中，救自己都救不了，还能够期望去救别人吗？还能够期望去救国家苍生吗？

北国的天寒地冻，跟南国的地冻天寒，可是完全不同的，这一点我二十年前上大学的时候就听北方同学说过了。北方来的同学，总会抱怨上海的冬天太过寒冷，看着温度不低，但感觉比他们的家乡还要寒冷。我们几个真正从南方岭南地区过来的同学，冬天里穿的衣服竟然比那些真正的北方同学还要少那么一两件。这真是件奇怪的事情。

大家都在解释这种南北冬季的"怪事情"。有人说，北方是干冷，南方是湿冷，人对湿冷的刺激感受更加明显；有人说，北方有集中的供热供暖，所以即使外面零下几十摄氏度，室内都是二十几摄氏度的，而南方没有集中的供热供暖，导致室内外的温差没有那么大，反而就觉得更冷……

"杂则多，多则扰"，北风吹来都是让是感觉刺骨寒冷的啊，幸好我们国家幅员辽阔，不像世界上绝大多数国家的人们，他们没得选择是北国还是南国，而我们是有选择的。正如我一个地道的岭南人，却更喜欢生活在江南这个不南不北、既南也北的地方。

古之至人，先存诸己，而后存诸人，所存于己者未定，何暇至于暴人之所行！

——《庄子·人间世》

我们中国的传统文化，"古之至人"，在上古及中古时代都是要"先存诸己，而后存诸人"，要先救自己，然后才能去救别人，所谓己立而立人。"所存于己者未定，何暇至于暴人之所行"，如果我们自己都救不了自己，怎么可能救得了别人呢？自己的病都没搞清楚、弄明白、医治好，哪里有空、有精力去指责人家，暴露人家的缺点！

不管是在北国还是南国，都是"大风起兮云飞扬"。昨晚睡在宾馆房间里，光着膀子躺在床上，把被子盖在身上，立马就有种灼热感，尝试把暖气关掉，再把被子掀掉，却依旧感觉炎热难耐。最后，只好把窗户打开一个小缝，让窗外冬夜的寒风漏点进来，这才感觉好些。

孔雀开屏

且若亦知夫德之所荡，而知之所为出乎哉？德荡乎名，知出乎争。名也者，相札也；知也者，争之器也。二者凶器，非所以尽行也。

——《庄子·人间世》

孔子接着对颜回说，"且若亦知"，并且你并不知道"夫德之所荡"，就是说过分标榜的道德就不是真正的道德了。"而知之所为出乎哉？"你颜回自认为有学问、有知识、有智慧，但是如果聪明过了头那就是笨，真聪明是不会太过的。你颜回只不过懂了一点点的道理和知识，就去教训别人，这样做未免是太笨了吧！

真正的道德是有范围的，若是超过了这个道德的范围，那就不能称作"道德"而是叫"荡德"。"荡德乎名"，就是为了某种莫名其妙的"知名度"，而不择手段去做超过道德范围的事情，把人生的行为标准都破坏了。"知出乎争"，一个人的知识和学问越多，与别人的意见之争也就越大，因而，把真学问也弄丢了。

"名也者，相札也；知也者，争之器也"，人为了求名，不择手段去做事情，那是自己被所谓的名誉、名声困住了；为了输赢、胜利，为了榜上有名而读书，却不是为了真正的求学问去读书，这是斗争心理的开始。特别要注意，这里不是说名和知识不好，而是说为了求名、为了胜利而求知识的话，这样求来的名和知识就不是好事了。"二者凶器，非所以尽行也"，名和知识这两样都像是杀人的武器，破坏了自己的生命，这不是道德的行为，这并不是真正懂得人生、生命的行径。

教练指着车尾上结的冰说，看看车尾上的结冰情况，他就能判断这个车手漂移得好不好了。据说，好的赛车手，在冰面漂移的时候，会将冰面的冰屑溅起，粘到车尾上去。就是刚才我们看到那些赛车手在漂移的时候，从远处看起来像是一只只开屏的白孔雀在奔跑。

可是，如果我们是为了溅起冰雾而开车，那就是"荡德乎名"了，就是超过赛车范围的事情，把赛车的行为标准都破坏了。

且德厚信矼[1]，未达人气；名闻不争，未达人心。而强以仁义绳墨之言术暴人之前者，是以人恶有其美也，命之曰菑[2]人。菑人者，人必反菑之。若殆为人菑夫。

——《庄子·人间世》

孔子接着又说，并且我们这些人啊，很容易犯"德厚信矼"的毛病，就是对于道德的规范看得过于重要，道德规范的根基过于厚重，人的自信心太过要强，这就是道德的固执。"未达人气"，只是自认为自己坚守的才是道德标准，可是实际上却是自己并没有真正地明白其中的含义，是自己不懂做人的道理啊。"名闻不争，未达人心"，大家都还不知道你颜回是个什么样的人，谁也不知道你有什么了不起的，别人心里自然就不会服你颜回的。

"而强以仁义绳墨之言术暴人之前者"，现在颜回你想要冒冒失失地跑去对卫王说这一套仁义道德的学问，本意是要去教化这个君王，可是，你这不是当面让人家下不来台，暴露人家的错误吗？"是以人恶有其美也"，你自己想

1 矼：kòng。

2 菑：zāi。

想看吧，利用他人的恶行来彰显你的美德，哪个人会喜欢你呢？自然不会认为你说的道理是正确的。

孔子在《论语》中劝诫我们说："不在其位，不谋其职。"因为不在某个岗位上，我们获得的信息、思考的方式和取舍的方法都是不一样的，也就是信息是不对称的，所以我们要做的事情只是"不谋其职"，就是莫说上位人的是非，若是换做我们在那个位子上，说不定做得比他还糟糕。

不仅如此，"命之曰菑人"，你这个人还会有灾难的，一定会触到卫君的霉头，所以你必然会变成倒霉鬼的。"菑人者，人必反菑之"，这是你自己倒霉，而不是那个卫君倒霉啊。"若殆为人菑夫"，孔子反问颜回，你愿意做这样一个倒霉鬼吗？

且苟为人悦贤而恶不肖，恶用而求有以异？若唯无诏，王公必将乘人而斗其捷。而目将荧之，而色将平之，口将营之，容将形之，心且成之。是以火救火，以水救水，名之曰益多，顺始无穷。若殆以不信厚言，必死于暴人之前矣！

——《庄子·人间世》

"且苟为人悦贤而恶不肖"，况且，如果卫国国君真的渴求贤能之人而讨厌不肖之徒，这样"恶用而求有以异？"又何须你去改变呢？因为这种做法和普通人没有什么不同的。任何人，即使是一个孩子，都会喜欢和好人做朋友。

《圣经》上记载，那个叫耶稣的人跟普通人不一样，他喜欢和税吏、妓女这些被当时社会看成是坏人的人在一起。他跟自己的门徒说，因为跟好人比起来，这些坏人才是更需要他拯救的人。

很多人经常批评年轻人这也不行那也不行，实际上，年轻人并不完全都是错的，他们经常会有很多好的意见和建议，可就是不能形成整体的文章、成体系的理论、成逻辑的系统，也不能形成完整的解决方案，因为自己的学养还不够。所以，年轻人有好意见、好建议，最好贡献给老前辈和社会才好，这样才能将自己的意见和建议发挥出它的作用来。不然，年轻人讲的或许是很重要的意见和建议，都会因为年轻而变得没有分量和作用，所谓的"人微言轻"就是这么个意思。

"若唯无诏，王公必将乘人而斗其捷"，再说，这位卫君也没有下达命令说要召见你，你就要跑去见他，君王面前那些已经形成了势力的大官要员们，必然会逮着机会就要和你斗，一定会千方百计地找机会整你的。"而目将荧之，而色将平之，口将营之，容将形之，心且成之"，那些既得利益的大臣们看到新来的人，会拿眼睛瞄一下你，然后就走过去了，表面上好像是问你的好、脸色也好看、嘴上当面讲得好听，可是，背地里可就完全不一样了，大家伙儿自然就要对你批评和指指点点了，如此，他们的心里头对你也就有了成见。

"是以火救火，以水救水，名之曰益多，顺始无穷"，如果颜回你去卫国那里，一定就像是拿着火去救火，自然火愈烧愈厉害；也像是拿水去救水，自然泛滥得愈厉害。大家对你态度肯定不会好，还会有深深的成见，按照这个样子不断地发展下去，必将后患无穷。"若殆以不信厚言，必死于暴人之前矣！"你若不相信老师我的劝告，将来必定死于这个暴虐君王的面前。

据说，会开屏的孔雀都是雄孔雀，开屏的目的则是为了求得和母孔雀的交配。可是，我们这些人看到开屏的孔雀，都觉得真漂亮，还有人专门想办法让这孔雀开着屏来欣赏，名曰赏心悦目。可是，如果我们能明白这孔雀开屏的真实目的的话，一定会知道这是不符合孔雀的仁义道德的。孔雀们一定会觉得我们这些人类真的是特别的肮脏和下流。

2. 清明在躬誉

晚上是一场集宴会、表演、表彰为一体的激情狂欢活动。

近百号人在营地里面，吃着火锅听着歌，喝着冰啤神侃着。外面是零下三十摄氏度的极寒，室内则是零上三十摄氏度的激情。

大舞台上，穿着华丽、性感的主持人正在宣布着各种奖项；营地中央，大伙儿交头接耳，分享着这一天下来的驾乘感受，跟早上的拘束和陌生形成了鲜明的对比。大概四十分钟后，大舞台上的表彰和表演结束了，服务员点燃了每个人桌子前面的小火锅，燃情晚宴正式开始……

有了昨天晚上的经验，我一口气取了满满一大盘的牛羊肉，放肆地大快朵颐。旁边的小舞台上，乐队演奏起来的时候，我们决定要喝点酒，把今晚燃烧起来。

"要冰的还是常温的？"服务员微笑着问我们，我愣了一下，这么冷的天还要喝冰啤吗？服务员发现了我的困惑，"给你冰的吧。我们这里常温的啤酒，早已结成了冰棍了。"原来是如此啊！

我们拿着啤酒瓶，大口大口地喝了起来。

百年修得同船渡，千年修得共枕眠。同行共车了一天，明天就将各奔东西，不知道这辈子，还有再见的时候吗？

那就喝吧！

烹羊宰牛且为乐，会须一饮三百杯。
岑夫子，丹丘生，将进酒，杯莫停。
与君歌一曲，请君为我倾耳听。
钟鼓馔玉不足贵，但愿长醉不复醒。
古来贤者皆寂寞，惟有饮者留其名。
陈王昔时宴平乐，斗酒十千恣欢谑。
主人何为言少钱，径须沽取对君酌。
五花马，千金裘，
呼儿将出换美酒，与尔同销万古愁。

有人跑到小舞台，抢了主唱的话筒，唱起了李白名诗《将进酒》，也不知道他唱得对不对调，反正乐队是跟着他演奏了起来，并且点燃了全场……

再回想一天的冰天雪地，一马平川，激情四射，也不知道这一生，还能有这样的疯狂吗？

激情火锅

且昔者桀杀关龙逢，纣杀王子比干，是皆修其身以下伛拊[1]人之民，以下拂其上者也，故其君因其修以挤之，是好名者也。

——《庄子·人间世》

孔子说，"且昔者桀杀关龙逢"，从前夏朝的暴君桀杀了他的忠臣关龙逢，"纣杀王子比干"，商朝的暴君纣王杀掉了其叔父比干。这里说到的关龙逢和比干，都是中国历史上有名的大忠臣，忠臣却往往保不住自己的性命，"是皆修其身以下伛拊人之民"，他们的学问道德都很好，对部下和老百姓也都爱护，但是他们"以下拂其上者也"，对下面百姓好，却违背了君王的意思，结果往往葬送了自己的性命。这是因为他们不通达人情世故，只知道做好人或者只顾及一方面利益群体的利益，却忽略了坏人或者说另一面

---

1 伛拊: yǔ fǔ。

利益群体的想法。

"故其君因其修以挤之"，这两位暴君正是拿他们讲究的道德来把他们整掉的，这一类人"是好名者也"，愿意为所谓的"道德"之名而死的人。其实，在古代有很多持这种思想的忠臣的，他们认为死不要紧，只要在历史（青史）上留名，这就是好"道德"之名的人，而往往不是真正的道德。

就像这普普通通的火锅，本应是懒人的餐食，如今却通了人情世故，搞出很多花样和名堂，甚至成了时尚饮食。看！我们百来位车主正齐聚北国，以乐队奏乐为背景，共享这激情火锅呢。

昔者尧攻丛枝、胥、敖，禹攻有扈，国为虚厉，身为刑戮，其用兵不止，其求实无已，是皆求名实者也。而独不闻之乎？名实者，圣人之所不能胜也，而况若乎！虽然，若必有以也，尝以语我来！

——《庄子·人间世》

"昔者尧攻丛枝、胥、敖"，据说尧曾经出兵攻打过丛枝、胥、敖这些小国家。"禹攻有扈"，夏禹也攻打过有扈这个小国家。这里指出，像尧、禹这样的圣人皇帝不仅用过兵，而且也侵略小民族。那么，发动这样的战争有什么好处呢？虽然"国为虚厉，身为刑戮"，打仗不仅让国家变成废墟，而且也会死很多人，可是"其用兵不止，其求实无已"，结果国家还是出兵战争不止，因为这些君王想要实现一个天下归一的理想和抱负，不过"是皆求名实者也"，这都是被某个观念、某种思想所蒙蔽而造成的。

于是，在这里孔子反问颜回，"而独不闻之乎？"这些历史经验和教训你难道不知道吗？"名实者，圣人之所不能胜也，而况若乎！"历史上的圣君都不能做到完全合乎真正的道德标准，更何况是你颜回呢！这里刚把颜回批评了一顿，孔子接着又安抚了一下他，"虽然，若必有以也，尝以语我来！"但是，你既然有想去纠正人家的勇气，我相信你一定有你自己的道理，那么，把你的意见想法说出来我听听吧。

火锅也吃了，酒也喝了，有什么郁闷的情绪，有什么欢欣的感受，有什么焦躁的心绪，有什么放不下的牵挂，或有什么虚无缥缈的怨念……都以这种无害的形式宣泄出来吧——与君歌一曲，请君为我倾耳听！我就在这里，不逃也不走，今夜为你聆听着……

百年同渡

颜回曰："端而虚，勉而一，则可乎？"

——《庄子·人间世》

被老师这么一批评，颜回只好讲起自己的修养，"端而虚，勉而一"，他说，老师你是知道的，我的学问和道德都很端正，行为举止也很谦逊，心中只存有正念，而没有刚开始学习时候心里的那些乱七八糟的想法，始终如一地勤勉努力。"则可乎？"所以，老师你看，凭借我这个修养道德去感化人家，是不是可以呢？

确实也是的，这个时候的颜回，在学问道德和修养上，是大多数普通人努力一辈子也达不到的高度。再不出去闯荡一下这一辈子也就结束了。今天能够被邀请来到海拉尔参加冰雪赛车的人，都是有一定经济基础的人了，可是，我们有那种赛车的技术吗？

于是，孔老师接着教育颜回。

曰："恶！恶可！夫以阳为充孔扬，采色不定，常人之所不违，因案人之所感，以求容与其心，名之曰日渐之德不成，而况大德乎！将执而不化，外合而内不訾[1]，其庸讵[2]可乎！"

——《庄子·人间世》

---

1 訾：zǐ。

2 讵：jù。

孔老师对颜回说，"恶！恶可！"不行啊！这怎么行啊！这是直接把颜回要去卫国闯荡的想法否定了。孔老师怎么能够对颜回这么说呢？于是，孔老师接着解释说，"夫以阳为充孔扬，采色不定，常人之所不违"，卫君年轻气盛，骄横跋扈而又喜怒无常，令人难以琢磨，平常一般人都不敢违抗他。如果"因案人之所感，以求容与其心"，如果你有感于卫君的这种性格、态度，为了尽量取得他的认可，就只得低声下气，对其处处妥协。这样一来，肯定达不到劝化的作用，只能得到对方的敷衍而已。

"名之曰日渐之德不成，而况大德乎！"他这样的人，每天用小德慢慢感化都不会有成效，更何况用"大德"来劝导呢？他一定是"将执而不化，外合而内不訾"，固执己见而不会改变，即使表面赞同内心里也不会对自己的言行做出反省，"其庸讵可乎！"你要去应帝王，为王者师，怎么行得通呢！

"百年修得同船渡，千年修得共枕眠。"修道不易，修得真道更难，都是百年、千年的经验和工夫啊！虽然，只与湖南小伙子同车一日，虽然只是短短的三四天海拉尔相会，那也是百年修得的缘分啊！

然则我内直而外曲，成而上比。内直者，与天为徒。与天为徒者，知天子之与己皆天之所子，而独以己言蕲乎而人善之，蕲乎而人不善之邪？若然者，人谓之童子，是之谓与天为徒。

——《庄子·人间世》

颜回被孔老师当场这么一骂，好像有点领悟了。所以，他跟孔老师说，"然则我内直而外曲，成而上比"，我这个内在道的工夫不表现出来，我外面圆一点去跟他和蔼接触，里头还是修我的道，外面转个弯慢慢地把他向形而上的道上引导，总可以吧？也就是儒家常说的"外圆内方"。

"内直者，与天为徒"，内心诚直，遵循自然的规律，内心没有杂念，没有妄想，才可以天人合一，就是要"效法天"。"与天为徒者，知天子之与己皆天之所子"，遵循自然的规律，就是要知道帝王与我们在本质上都是一样的。要做到真正效法天的人，就是要把帝王、将相和普通老百姓都看成平等的，看人世间的一切都是平等的。"而独以己言蕲乎而人善之，蕲乎而人不善之邪？"自己的内心既然是诚直的，就没必要要求他人听你的话、相信你的意见了，不必在乎别人称赞或贬损的话。

"若然者，人谓之童子，是之谓与天为徒"，如果这样的话，人们就都认为我有赤子之心，这就是"天"的徒弟，即遵循自然的规律。

颜回真是太天真了！当然，我们普通人，就更是愚不可及了！就像现在，我们从四面八方来到这北国雪地，竟然期望自己马上就能够成为一个技术娴熟的冰面赛车手呢！

> 外曲者，与人之为徒也。擎跽[1]曲拳，人臣之礼也。人皆为之，吾敢不为邪！为人之所为者，人亦无疵焉，是之谓与人为徒。
>
> ——《庄子·人间世》

"外曲者，与人之为徒也"，外表恭恭敬敬的，行为就同一般人一样。"擎跽曲拳，人臣之礼也"，若是见到君王上朝也要行礼鞠躬，或是双手合掌、或是下跪行人臣之礼。"人皆为之，吾敢不为邪！"当看到别人都这么做，我自己就不得不跟着做，以免被别人挑剔和批评。"为人之所为者，人亦无疵焉，是之谓与人为徒"，到了那种环境，就要在那种环境里学，虽然心里不愿意，可是环境如此，也就要照那个规矩来，这样别人就不会指责我了。这个就是"外曲与人为徒"的意思。

正如在今夜，当音乐响起、酒水喝起，离别感伤的氛围就起来了，大家不由自主地就跟着哼起了歌儿，把盏言欢。

1　跽: jì。

沽酒对酌

成而上比者，与古为徒。其言虽教，谪之实也，古之
有也，非吾有也。若然者，虽直而不病，是之谓与古为徒。
若是则可乎？

——《庄子·人间世》

"成而上比者，与古为徒"，能够做到让彼此升华的，
就是专门效法古道而行的人。"其言虽教，谪之实也"，这
些人的教化在理论上是对的，但是这话又是谁说的呢？"古
之有也，非吾有也"，是古人说的话，但是历史是永远向前
演进的，古人所处的环境，并不是我们今天所处的环境——
因为环境的不同，时代的不同，今天有的也不是古人所有
的。"若然者,虽直而不病,是之谓与古为徒。若是则可乎？"
历史是不回头的，如果在古代，直言的风格是可以的，可是，
今天我们学古人的那些做法，却不一定是行得通的。

"主人何为言少钱,径须沽取对君酌。五花马,千金裘,
呼儿将出换美酒,与尔同销万古愁。"这是今夜的一种豪爽,
可是这"万古愁"究竟是个什么东西呢？估计是人人不同，
千人千面吧。历史虽然不可回头，"沽取对君酌"的豪情却
是相近的吧。

仲尼曰："恶！恶可！大多政法而不谍，虽固亦无罪。虽然，止是耳矣，夫胡可以及化！犹师心者也。"

——《庄子·人间世》

孔老师还在对颜回说，"恶！恶可！"唉！就是你这样的做法也行不通的。"大多政法而不谍"，处理帝王下达的法令问题，其实并没有周详和确实可行的办法。"虽固亦无罪"，虽然依法行事去做，并没有什么错，不至于得罪卫君。"虽然，止是耳矣"，虽然如此，但是却只是做到没有什么过错而已。"夫胡可以及化！"只是懂得依法办事，不是政治家应该做的，因为这违反教化天下的原则，是不可能感化他的。当然，如果认为依法办事就对了的，只是"犹师心者也"，那是师心罢了，就是自己主观认为自己很了不起而已。

我做了十年的公务员，过了十年不求有功但求无过的日子。然后，突然有一天，发现自己只是在混饭吃，既浪费国家资源，又浪费自己的青春。于是，找到一个机会，马上辞职下海从商、创业，并且在自己的创业过程中找到了自己的人生价值、生命乐趣和生活目标。

颜回曰："吾无以进矣，敢问其方。"

——《庄子·人间世》

听完孔老师多次的劝勉之后，颜回对老师说，"吾无以进矣"，老师您这样一说，跟您学过的东西都没有用了，再进一步我就不懂了，"敢问其方"，请老师指示一下，我接下来到底应该怎么办？颜回真是一个非常值得我们学习的孔门好学生，他的这种学习精神值得我们好好学习呐。

孔子与学生颜回的这一来一回的反复对话，由外用之学讲到内养之学，也就是由外王之道讲到内圣，现在孔子要提出来内圣的修养了。

仲尼曰："斋，吾将语若！有心而为之，其易邪？易之者，皞[1] 天不宜。"

——《庄子·人间世》

孔老师跟颜回说，要想听再进一步学习的建议，就要他先去"斋"——包括吃素斋、清净心，之后，"吾将语若"，我再告诉你。"有心而为之，其易邪？"若是以心里头以有为的心理来求道，以功利主义来问道，怎么有那么容易的呢？所以，孔子让颜回先去斋戒沐浴。"易之者，皞天不宜"，如果太容易就把道传给你，这是违背自然之道，是上天所不允许的。

这次来海拉尔，中间也是经历了多次换乘，经历了几

1　皞: hào。

种气象、气候的转变，以及我们心灵上的转变，经历了晨起赶路奔波才能来到呼和诺尔湖冰面上体验赛车的。这中间的种种，也算是我们的"斋"吧。

　　颜回曰："回之家贫，唯不饮酒不茹荤者数月矣。若此，则可以为斋乎？"曰："是祭祀之斋，非心斋也。"回曰："敢问心斋。"

——《庄子·人间世》

　　颜回说，"回之家贫"，我家里已经穷得叮当响了，"唯不饮酒不茹荤者数月矣"，喝不起酒也买不起肉的，不吃荤腥已经好几个月了。"若此，则可以为斋乎？"我这样，算不算是天天在持斋呢？

　　孔老师对颜回说，"是祭祀之斋，非心斋也"，你这个最多只能算是宗教形式的持斋，而且是祭祀时对鬼神用的，只是外在的斋。真正的持斋叫作"心斋"。

　　颜回听了，追问孔老师说。怎么样做才是"心斋"呢？

　　我们大家千里迢迢、不远万里地来到海拉尔城，期间路途上的种种艰辛，都只是我们自己在某种外在形式上的"持斋"，而不是真正的"持斋"。

　　仲尼曰："若一志，无听之以耳而听之以心，无听之以心而听之以气。听止于耳，心止于符。气也者，虚而待物者也。唯道集虚。虚者，心斋也。"

——《庄子·人间世》

孔老师告诉颜回说，"若一志"，你先要把自己的心念专一起来，把离散的思想专一起来，"无听之以耳，而听之以心"，不要用耳朵去听，而是用心来听其中的声音；"无听之以心，而听之以气"，然后，不仅要用心去听，而且要用气息来感受其中的声响。

在这里，庄子借孔子之口说到的"气"，就是我们日常生活中遇到的那些打坐的人所讲的"息"。在人们"一呼一吸"之间的那个极其短暂的停顿（即中间那一段不呼不吸的状态）叫作"息"。

"听止于耳，心止于符"，听只能局限于耳朵能听到的，用心感受也只能体会到事物有形的部分。而"气也者，虚而待物者也"，呼吸之间的"息"是空灵的，包罗万象，它能感受到身心内外的一片虚灵，不过，此时虽然内心虚空，但是与外面物理世界还是相对峙的。"唯道集虚"，只有当我们把自己内心意识的虚灵、空灵的境界练习久了、累积久了，慢慢地就能接近那个形而上的道了，就能够做到内心意识不动、心里很宁静、耳根也不向外听了，那就是完全返归内在的境界了。这个时候，"虚者，心斋也"，内心才是真正在持斋了，就是"心斋"。"持"这个字的意思，就是"保持"。

我们这些普通人啊，来到这呼和诺尔湖冰面，眼睛喜欢盯着向外看，耳朵喜欢张着向外听。若是要做真正的修养，眼睛对外面是见而不见，耳朵对外面是听而不听的，看到的、听到的与我不相干，这就是内心意识不起分别，即使在闹市、在汽车轰鸣中，又或者在今晚这个热闹的宴会场所，随便外面怎么吵怎么闹，都是"保持"看不见、听不见的吧……

3. 师心自用痴

幸好宴会是在呼和诺尔湖冰面赛车营地里面举行的，如果是安排在酒店里面，恐怕大家真的要闹到不醉不归了。

就在大家准备一醉方休的时候，主办方适时地结束了宴会，并及时组织大家登上了返回酒店的大巴车。

于是，酒兴正浓的我们，在大巴车上炸开了锅。

有人闲扯，今天那款新车开起来还真得劲儿，想着哪天一上市就去买辆来开开……

有人嚷嚷，晚上的乐队主唱唱得一般，模样倒是挺俊的，就是后悔没来得及去要个联系方式……

有人嘀咕，我们大家来自五湖四海，还有两个甚至从太平洋彼岸飞过来的，就这么匆匆两三天地聚了一下，总觉得有点遗憾和感伤……

有人信口，这百来公里开外，有个地方，叫作满洲里，这满洲里除了风光秀美以外，更是挨着俄罗斯。那地方啊，满大街都是火辣热情的俄罗斯大姑娘……

于是，有人发起了倡议，我们今晚就开车过去吧。现在就出发，十点多就能到达，正好赶上夜生活，多好啊！

闲　扯

叶公子高将使于齐，问于仲尼曰："王使诸梁也甚重，齐之待使者，盖将甚敬而不急。匹夫犹未可动也，而况诸侯乎！吾甚栗之。"

——《庄子·人间世》

叶公子高，名"诸梁"，是楚庄王的玄孙。叶公子高这个人，"将使于齐"，要被派到齐国去当大使，这个时候他来请教孔子，"王使诸梁也甚重"，大王派我出使齐国，这个任务太重大了。"齐之待使者，盖将甚敬而不急"，齐国对待外国的使者，表现上可以会恭恭敬敬，实际上却迟迟不肯接受我们提出的外交建议，因为"匹夫犹可动也，而况诸侯乎！"连一个普通人的意志都难改变，何况一国之君呢！"吾甚栗之"，因此，我的心里面很是担心、害怕啊。

113

人们总是担心自己会被别人轻视、瞧不起，就像《红楼梦》里面的狗儿，虽然家里人快要饿死了，却依旧不愿意去荣国府借钱。倒是狗儿的丈母娘刘姥姥，她只说："谋事在人，成事在天。咱有机会谋到了，靠菩萨的保佑，有些机会，也未可知。"于是，她只管带了狗儿的儿子、自己的外孙板儿跑到荣宁街来。这才有了今天我们耳熟能详的"刘姥姥进荣国府""刘姥姥游大观园"等精彩的故事流传开来……

子常语诸梁也曰："凡事若小若大，寡不道以欢成。"事若不成，则必有人道之患；事若成，则必有阴阳之患。若成若不成而后无患者，唯有德者能之。

——《庄子·人间世》

叶公子高接着说，孔老师你平日里跟我说，"凡事若小若大"，凡是做人做事，不管大事或小事，"寡不道以欢成"，很少有事情是能完全成功的，或者说是圆满高兴的。在这人世间做人做事是很难的，"事若不成，必有人道之患"，如果事情没有做成功，大家就都不好过，或被敌人砍杀，或被拉去坐牢，抑或有其他的祸患出现。"事若成，则必有阴阳之患"，就算有时候事情办成了，获得了大成功，但是，在历史的长河里或许是一个很糟糕的事情也未可知，于是，就会有阴阳之患，在冥冥天道中，会受很坏的报应，或遭受周围人的妒忌也是常有的。"若成若不成"，不管成功也好，失败也罢，"而后无患者，唯有德者能之"，如果要想做到没有后患的话，只有具备最高道德的人才能做到吧。

毋庸置疑，庄子的这几句话，都是最高的人生哲学，也是我们做人做事的最高境界。《人间世》这一篇，第一个故事讲的是孔子告诉颜回，想去纠正一个人的思想是不可能的，与其入世为君王之师，还不如退而自修。这就是讲，入世之难比出世修道还要难！第二个故事是借积极入世的叶公子高出使齐国这件事，讲动乱时代当外交大使之难，以此告诉我们人生入世的道理："寡不道以欢成"，"事若不成，则必有人道之患"，"事若成，则必有阴阳之患"，都是入世的名言，这就是"人间世"！

今天主办方拿出来的都是好车，也是豪车。虽然，在我们这些车主中，或许还真有几个真正有大钱的人，末了回去了就真的把那款新车买了。可是，那种"拥有"的满足感，一样还是"寡不道以欢成"，心中总是还缺一辆更好的车吧。

也就随便么一说，扯闲篇，过嘴瘾，这就是人间世嘛。

嚷　嚷

吾食也执粗而不臧，爨[1]无欲清之人。今吾朝受命而夕饮冰，我其内热与！

——《庄子·人间世》

叶公子高虽有临危受命的感觉，可是他心里却是很难过。他说，"吾食也执粗而不臧"，我平日里生活过得很简朴，饮食也简单而不求精美。"爨无欲清之人"，家里也没有佣人，煮饭、清洗也都是自己亲自来做的。现今，皇上要我担任这个外交官，"今吾朝受命而夕饮冰"，上午一接到这个命令，心里就开始忧愁得直哆嗦，好像吃了冰块一样。"我其内热与！"我大概是内心焦灼了吧！

人生真精彩！强要的要不来，不要的又偏要给他。

吾未至乎事之情，而既有阴阳之患矣；事若不成，必有人道之患，是两也。为人臣者不足以任之，子其有以语我来！

——《庄子·人间世》

这个叶公子高接着说，"吾未至乎事之情"，我还没有去完成这个任务，"而既有阴阳之患矣"，就已经有阴阳之

1　爨: cuàn。

和庄子一起去旅行

患，感觉自己已经生病了。"事若不成"，要是没能完成这个任务，"必有人道之患，是两也"，国内势必有人会来对付我，这就陷入了内外交困、双重祸患的境地了。"为人臣者不足以任之"，虽然我是国家的重臣，可是我自己却觉得挑不起这个任务，"子其有以语我来！"孔老师啊，求您帮我出出主意吧！

《周易》里反复强调，在做事情的时候，一定要兼顾时和位这两样，不然，一定会陷入困境而不能脱离。所谓的时和位，既包括现在所说的时间和空间，更包括时机、机会以及形势、职位、环境等方面的东西。

仲尼曰："天下有大戒二：其一命也；其一义也。子之爱亲，命也，不可解于心；臣之事君，义也，无适而非君也，无所逃于天地之间。是之谓大戒。"

——《庄子·人间世》

于是，这位庄子笔下的孔老师就开始给叶公子高分析、点拨开了。

"天下有大戒二"，天地间有两条大戒律，"其一命也；其一义也"，第一条大戒，认了命，就是知道了天命，这个天命既包括算命那个命，也包括人生的价值。第二条大戒，义所当为，既包括合于真理、合理的就去做的义，也包括

117

朋友之间的道义、人与人之间的义。

"子之爱亲,命也,不可解于心",你要知道做人的道理,做儿女的自然会爱自己的父母,这里的爱父母就是孝,所以孝的内涵就是爱,子女爱父母是人的天性。但是,如果做子女的不爱自己的父母,并且觉得父母们很讨厌,这也算是命吧,也就是没有什么道理可讲的了。"臣之事君,义也",做人臣的爱戴君王尽忠职守,也就是爱国家爱民族吧,因为"无适而非君也",我们生在这个国家的土地上,整个国家就是我家,到任何地方去,我都是这国家的人,因此"无所逃于天地之间",这是逃避不了的。"是之谓大戒",孔老师训话,告诉叶公子高这两条是大戒,是要深深地记在心上的。

我们家的家训,第一条就是"尊重规则",注意,是"尊重",而不是"遵守"。我们都在某一个时位之中,就要尊重那里的规则和习惯,或许那里的规则对于我们来说不合理、不人性、不自由,但是,谁叫我们在那个时位之中呢?这就是命,就是要我们敬畏的东西。当然,要保持"思想自由",这是真我的东西,也是我们生命里的救赎,所以我们把这条定为家训第二条。

嘀　咕

是以夫事其亲者,不择地而安之,孝之至也;夫事其君者，不择事而安之，忠之盛也。自事其心者，哀乐不易施乎前，知其不可奈何而安之若命，德之至也。

——《庄子·人间世》

"是以夫事其亲者，不择地而安之，孝之至也"，儿女孝顺父母，不要等待时间和空间，也不要等待环境的变迁，只是尽自己当下的力量，这才是孝顺。所谓的行孝，就是要根据我们自己的实际情况去对待我们的父母，有钱时是有钱的做法，没钱时就是没钱的办法，要的只是这颗尽孝的心是真诚的，及时行孝才是真正的尽孝。

"夫事其君者，不择事而安之，忠之盛也"，而所谓的为帝王、为国家尽忠，就是有什么任务交给了我们，不管是什么任务，只管尽自己的力量去完成就是了，这就是尽忠于职务。

"自事其心者，哀乐不易施乎前"，这是办事的明心见性，就是当我们要入世做人，我们了解了人生的价值所在，明白了自己的心性之道，那么，也就没有什么叫悲哀，什么叫痛苦和快乐的了，人生该做的事情就去做了，不要因为环境因素而影响了我们的心情和态度。

"知其不可奈何而安之若命，德之至也"，明明知道做此事无可奈何，说不定去做了就会送了身家性命，但是，安之若命吧，这就是天命，这就是仁义，必须这样做，这就是真正的道德。

虽然，匆匆两三天地聚了一下，总觉得有点遗憾和感伤。虽然，明朝一别，此生或再无相见的可能，这是大概率事件。不过，只要我们知道人生的价值所在，不断地探寻自己的心性之道，或许，这也没有好悲哀和感伤的，人生只是去做该做的事情就好。若能更进一步，做到安之若命，就算是不枉我们的生命了。

为人臣子者，固有所不得已。行事之情而忘其身，何暇至于悦生而恶死！夫子其行可矣！

——《庄子·人间世》

"为人臣子者，固有所不得已"，一个为天下、为国家为帝王担任重任、担任公职的人，有时候接到的任务，确实是不得已，而且又是不得不做的工作。所以，"行事之情而忘其身"，要把自己全身心都奉献出去才行，这是担任国家重任和公职的人应当有的态度和行为，"何暇至于悦生而恶死！夫子其行可矣！"在这个真理的原则下面，哪有时间去贪生怕死！死就死吧，生死都要看空了，这就是形而上的了了生死的作用。

人生何处不相逢呢？等到了明天一早，该道别的道别，怀揣一颗感恩生命、感恩相遇的心，让我们有了这一次精彩、难忘的生命际遇。只是，到了分别的时候，要看空一些，虽然这样离了生死的境界还很远，也算是向前挪了一点点吧。

信　口

> 丘请复以所闻：凡交近则必相靡以信，远则必忠之以言，言必或传之。夫传两喜两怒之言，天下之难者也。
>
> ——《庄子·人间世》

这段开始讲的是孔子对叶公子高说的外交之道，却也是庄子给我们为人处世很好的建议和启示。

"丘请复以所闻"，孔子说他要再告诉叶公子高他所听到的话，"凡交近则必相靡以信"，在与邻近的国家相处相交的时候，一定要处处讲忠实信用，"远则必忠之以言"，在与远国相处相交的时候，一定要带着深深的诚意去结交，而且必须要求自己言而有信，切忌信口雌黄。此外，做外交官的人，一定要做到"言必或传之"，这里有两重意思：一是"必传之"，要把国君的旨意传达到位；二是"或传之"，像国君对国事发脾气这些带有情绪的言语，就要仔细斟酌了，一定要权衡过了再传达。

"夫传两喜两怒之言，天下之难者也"，我做过多年领导身边的秘书工作，孔老师说的这一段话，我有非常深刻的感受。作为上下级领导之间、平级领导之间的沟通桥梁和信使，两怒之言不能传，两喜之言也不要传，因为喜怒之间的裁定非常难，那是天底下最困难、最痛苦的。在我们日常生活中，人与人的交往，也是如此啊。

夫两喜必多溢美之言，两怒必多溢恶之言。凡溢之类妄，妄则其信之也莫，莫则传言者殃。

——《庄子·人间世》

"两喜必多溢美之言"，两边的过分吹捧人的话，将来若得不到兑现，轻则会使人心生嫌隙，重则是会要人命的；"两怒必多溢恶之言"，两边相互讨厌的情绪也不能传达，即使稍有表达，对于外交、人际关系都有绝对的妨碍。总之，当外交官、传话人在中间传话，不能"溢"出事实内容。"凡溢之类妄，妄则其信之也莫"，这也是我长时间做秘书的体会，延展到日常生活与人相处也要如此，说得太过分的话，有时候是收不回来的，会造成很大的麻烦。"莫则传言者殃"，如果别人不相信你的话，首先遭殃的是中间当外交官和传话的人。

故法言曰："传其常情，无传其溢言，则几乎全。"

——《庄子·人间世》

因此，"故法言曰"，上古的格言说到，"传其常情，无传其溢言，则几乎全"，在传达两方面言语、意见的时候，我们的脑子一定要很快整理出言辞中的主要内容，使得言辞和意见变得平实，绝对不能讲过分的话，好的坏的话都不能加一点减一点，若能够做到这样，才能保全自己，也才可以完成这个外交官、传话人的使命和任务。

满洲里位于呼伦贝尔大草原的西北部，东依大兴安岭，南靠呼伦湖，西临蒙古国，北接俄罗斯。这么一个地理位置，想想都知道那里的风景美如画，虽还没有去过，也是在梦中出现过的美丽圣地。那谁信口一句"那地方啊，满大街都是火辣热情的俄罗斯大姑娘"，很容易把我们这些成年人的思绪，带到"饮食男女"的方向去了。虽然描述得好像没错，可是，心中的"美丽圣地"就有点变味了，变成了胭脂水粉的俗香烂味。

倡　议

且以巧斗力者，始乎阳，常卒乎阴，大至则多奇巧。以礼饮酒者，始乎治，常卒乎乱，大至则多奇乐，凡事亦然。始乎谅，常卒乎鄙；其作始也简，其将毕也必巨。

——《庄子·人间世》

此外，"以巧斗力者，始乎阳，常卒乎阴"，以智慧来斗体力，开始的时候是光明正大的意图，但是，用智慧、用谋略，走着走着必然会走到阴谋的方向，这是修道的人最忌讳的事情。"大至则多奇巧"，如果用谋略斗智，挖空心思去整人，故意说些好听的话给人家听，目的是要害别人，自己却躲在一边偷笑，如此，最终也会害了自己的。

"以礼饮酒者，始乎治，常卒乎乱"，喝酒的人刚开始喝的时，大家都还是很有礼貌、很有节制的样子，可是，喝到后来，场面就变得乱哄哄，喝得一塌糊涂了。所以，喝酒的人"大至则多奇乐"，喝的时候很高兴，而且是越喝越高兴，最后进入了疯狂的状态。"凡事亦然"，这个不但是外交官、传话人要注意的，平常我们在做人做事的时候也要注意和警惕的。

"始乎谅，常卒乎鄙"，人与人之间做朋友，开始的时候都能相处得很好，都能够互相体谅，可是日子长了，就会相互讨厌起来，互相之间开始各种莫名其妙的鄙视。"其作始也简，其将毕也必巨"，在人世间做人做事都是这样，刚开始相处、做事都没有问题，越到后面，相处、任务越来越艰难，等任务快要完成的时候，是最艰难的时候，这就是人生啊。

所以，有句话时刻警醒着我们：当任务完成了99%的时候，我们要用100%的精力去完成那最后的1%。

言者，风波也；行者，实丧也。夫风波易以动，实丧易以危。故忿设无由，巧言偏辞。

——《庄子·人间世》

"言者，风波也"，话若是讲得不对，不仅包括词句的意思不对，还包括表达时的形态等行为举止的不对，马上就会引发风波，既害了自己也害了别人；"行者，实丧也"，某个行为举止错了，导致的结果就不对，立刻就反映出问题来，马上就会有果报的。"风波易以动，实丧易以危"，风只要一起来，波浪就反映出来，而行动一旦错了，结果肯定是很危险的。

《易经·系辞》上说："吉凶悔吝者,生乎动者也。"所以，若用《易经》来看人世间的一切，只有四种角度：吉、凶、悔、吝。人世间的一切，任何一件事情，只要一动就会有好有坏地表现出来。在这"吉、凶、悔、吝"的四种表现中，有"凶、悔、吝"三种是坏的，好的只有"吉"一种，所以，常言道：一动不如一静。当然,动不是不可以,而是要清楚,动就意味着改变，是需要智慧，需要做慎重考虑的。

"故忿设无由"，人们的内心本来都是很平静、持盈的，只因某人某一句话没有说对，就会没有缘由地挑动起心里的忿怒。因为"巧言偏辞"，过分恭维和批评的言语，都会挑拨起人们的忿怒。若是我们的言语失误，引起别人的忿怒和生气，千万不要怪人家，而是要先仔细反省自己说的话，因为都是我们自己的巧言偏辞引起了别人的情绪反应啊。

那谁的倡议，"今晚就开车过去吧。现在就出发，十点多就能到达，正好赶上夜生活"就是"忿设无由"的言辞，于是，我只好反省自己的"巧言偏辞"，一动不如一静，还是在宾馆里看我的书，和庄子共梦蝴蝶吧。

山木自寇也，膏火自煎也。桂可食，故伐之；漆可用，故割之。人皆知有用之用，而莫知无用之用也。

——《庄子·人间世》

"山木自寇也"，那深山里的大树，活得很自然也很好，可是，为什么不是所有的树都变成神木，成为永恒呢？因为它们本身长得太好了，所以大多遭到了樵夫的砍伐。因为太有用的材料，一定会有人把它砍掉去派什么用场的。"膏火自煎也"，而那些能够燃烧的油脂，是因为它有利用价值，才会被人拿来燃用的。"桂可食，故伐之；漆可用，故割之"。肉桂是人身体的补品，可以拿来做药，所以遭到人的砍伐；漆树的汁可以拿去漆家具等东西，有利用的价值，所以遭受人的切割。"人皆知有用之用，而莫知无用之用也"，所以，我们大多数人都知道，生命活着要有用处、有价值，可是实际上，人生的价值，自己觉得没用的部分才是最有用、最有价值的部分，那就是规规矩矩、老老实实地活一辈子就很好。

　　世路确实难行，但并不是此路不可行。世路是可行的，只是要我们自己善于处理和应对。如何才算是善于处理呢？庄子告诉我们：守本分。人确实要守本分，在什么场合就做什么事、处什么态度，所以，我一直告诉孩子们要"尊重规则"。所谓"尊重规则"，就是要守本分。这次来海拉尔是来感受北国冰雪极速的，也带了《庄子》同行，虽不是为求得真道，也算是为获得某种逍遥吧。

第五篇

/

德充·绘众生

1. 山水不刑止

抵达海拉尔城区的酒店后，微信群里炸开了锅——各种照片、相约、感叹、感谢和勉励。最后，主办方的工作人员突然发了个公告，主要意思就是"明天上午九点撤群"。听到要撤群，好事者赶紧又拉了一个新的群出来，表示"相逢是缘，此生不散"之意。

我呢，早早洗好了澡，跟远在上海的孩子们来了一通视频电话，表达了一下想念之情。视频那边的孩子们叫嚷了一通，然后就在那边继续着他们的游戏。只好跟孩子们的妈妈聊了起来，问了问老人小孩这两天的情况。末了，孩子们冲上来：

"爸爸，再见！"

"爸爸，明天早点回来哦！"

挂了电话，发现微信群里有几百条未读信息，粗略翻了一下，大部分是在那里招呼着前往满洲里的。原来，今晚真的就有几个人开车过去了，另外还有一拨人约好了明天一早也过去。还有招呼着到旁边的烧烤店吃个夜宵的，据说，那家店的牛羊肉非常正宗、好吃……

管他群里喧嚣，不论窗外雪飘，我自盘腿捧《庄子》，一边圈圈画画，一边感想连篇，好不自在、好不逍遥……

此生不散

鲁有兀者王骀，从之游者与仲尼相若。常季问于仲尼曰："王骀，兀者也，从之游者与夫子中分鲁。立不教，坐不议，虚而往，实而归。固有不言之教，无形而心成者邪！是何人也？"

——《庄子·德充符》

"鲁有兀者王骀，从之游者与仲尼相若"。鲁国有一个断去一足的学者，他的名字叫王骀，跟随他学习的人很多，学生人数和孔子的一样多，当然，他的名气在当时社会也是跟孔子一样的。"常季问于仲尼曰"，既是孔子学生、也是孔子朋友的常季就和孔子聊，"王骀，兀者也，从之游者与夫子中分鲁"。王骀这个人真奇怪啊，虽然是被砍去一只脚的残疾人，可是他的学生却众多，知名度也和你一样大，可以说，你们的知名度能够平分秋色呢，他的学生和你的学生各占鲁国的一半吧。

王骀这个人可真是了不起，"立不教，坐不议，虚而往，实而归"。前来登门学习的人，却从没有见他真正上过课；他对学生们也没有什么指责、批评、劝导的。王骀就是坐在那里，半天也不说一句话，也不跟学生讨论过什么问题。可是，只要学生一见到他，原来什么都不懂，拜入师门以后，都感觉到非常的充实，都成了满腹经纶、什么都懂了的人。

"固有不言之教，无形而心成者邪！"王骀教学生，并不用语言来教育，而是采用不言之教的身教，外面看着一点不着痕迹，却能让人从心里头悟道。世界上果真有这么善于教育、善于传道的人吗？"是何人也？"这王骀究竟是个怎样的人呢？真是看不懂、搞不明啊。

仲尼曰："夫子，圣人也，丘也直后而未往耳。丘将以为师，而况不若丘者乎！奚假鲁国，丘将引天下而与从之。"

——《庄子·德充符》

孔子说，"夫子，圣人也"，王骀这个人是个真正的圣人，"丘也直后而未往耳"，我孔丘早就想去拜他为师了，只是还没能成行。"丘将以为师，而况不若丘者乎！"就连我孔丘都准备去拜他为师了，更何况那些资质一般还比不上我的人呢？更应该拜他为师。"奚假鲁国，丘将引天下而与从之"，岂止我们鲁国上下，我还准备号召全天下的人都拜他为师。

这是孔子不嫉才的学者气度和胸襟，值得资质平平的我们好好学习、勉励和警醒。

常季曰："彼兀者也，而王先生，其与庸亦远矣。若然者，其用心也独若之何？"

——《庄子·德充符》

听到孔子这么说，常季很吃惊地说，"彼兀者也，而王先生，其与庸亦远矣"，王骀是一个被砍去一只脚的人，却是世界上第一等的学者，还超过了先生你，按先生的说法，王骀的教育作用不仅高深而且远大吧。"若然者，其用心也独若之何？"若王骀真像先生你所说的如此了不起，他的道又是什么呢？他传的是什么心法？他的学问中心又是什么呢？

"道可道，非常道"，虽然说不得，却也要说说，世人都期望能够听听，这是我们的好奇心在驱使——即使听到的不是道，却也要说道说道呢。

仲尼曰:"死生亦大矣,而不得与之变;虽天地覆坠,亦将不与之遗。审乎无假而不与物迁,命物之化而守其宗也。"

——《庄子·德充符》

孔子回答常季说,"死生亦大矣",在这个世界上,我们有一个大问题,那就是人的生死的问题,王骀他其实已经是了了生死、得了道的状态了。"而不得与之变",生死好像都跟他没有关系了,他已经是了了生死的人,对待生死的变化,都已经跟他没有关系了。不仅如此,"虽天地覆坠,亦将不与之遗",就算是这个世界毁灭了,地球都完结了,也与他没有关系,因为他已是超然而独立于物质世界之外的存在。王骀这个人,已经是"审乎无假而不与物迁",已经超越、超脱了,不再需要一切的依赖,不再需要一切的假借,达到了不管物质世界如何变化,他就在那里站着旁观一切的境了。"命物之化而守其宗也",王骀之所以能够不受外界物质变化的影响,那是因为他已经把握住了道的本质。

所以,在海拉尔的"相逢是缘"是对的,而若要"此生不散",除非我们也能像王骀那样能够做到"守其宗",真正把握住了道。不过,到那时,早无"此生不散"之念想了吧。

早点回来

常季曰："何谓也？"仲尼曰："自其异者视之，肝胆楚越也；自其同者视之，万物皆一也。夫若然者，且不知耳目之所宜，而游心乎德之和；物视其所一而不见其所丧，视丧其足犹遗土也。"

——《庄子·德充符》

常季问孔老师，"何谓也？"为什么这么说呢？孔老师回答他说，"自其异者视之，肝胆楚越也；自其同者视之，万物皆一也"。对任何一件事情，对任何一个东西，对任何一个人，如果我们戴着有色眼镜来看，或从不同的角度来看的话，我们得到的观念、理解和结论都将不同。就像我们人身上的肝和胆，本来就是连在一起的，可是从不同的角度看呢，肝和胆又像楚国跟越国，它们之间相距甚远，有很多的矛盾和利害关系。要是能够站在一个统一的立场和角度来看的话，万物就是一体的，就是一个整体、一个系统、一件事情。也就是，如果得了道的人，从超然的立场，从另外一个视角来看，天下万物皆是一体，也就是我们自己，而不是其他什么与我们有分别的东西。

所以，"夫若然者，且不知耳目之所宜，而游心乎德之和"，如果我们懂得了这个道理，那么，就是懂得了如何修

136

道了，也就是懂得了真正的道和德了。若是这样，我们既不会被声色所转，也不会被外境所诱惑，达到见山不是山、望水不是水，忘记了声色耳目的境界。到此时，我们的心境获得的是永远的平静、安详，自然不会被外界的声色扰乱。

所以，"物视其所一而不见其所丧，视丧其足犹遗土也"。到此就能像王骀那样，看世界上一切的东西都无分别，一切都很好，看不到任何东西有缺点，也没有看到任何优点和长处，就能忘记了自己有没有脚。

万物都是自己的一部分，自己也是万物的一部分；我的就是万有的，万有的也就是我的。到了那个境界之后，海拉尔就是岭南，岭南也是海拉尔，它们跟我们都是一体的，都是造化的产物。

常季曰："彼为己，以其知得其心，以其心，得其常心。物何为最之哉？"

——《庄子·德充符》

经过孔子多番教诲之后，常季或是终于有所领悟了。所以他才会对孔老师说，因为"彼为己，以其知得其心"，王骀他明心见性，找到了自己的心。并且，他能够善用自己的心，"以其心，得其常心"，得了自己真正的"常心"——这个心就是永恒不变的那个存在，它无所不在也无所在。

这个"心"我个人的理解，就是王阳明心学里的那个"心"，并不是心脏的心，也不是心理学的心，更不是唯心论的心。实际上，庄子这里说到的这个"心"，就是孔子在《论语》等经典著作里提到的"天"和"命"。因此，"物何为最之哉？"万物与他不相干扰，也就动摇不了他的心。

人若能真正修养到不为眼睛所骗、不为耳朵所骗，此心永远安详，就能在这个世路难行之中，一直很幸福地行走下去吧。到了那个境界，就会觉得心不曾离开过家，也不会有回家的期盼和"早点回家"的说辞，因为心天下为家嘛。这就是道的作用吧，就是德，能修养到这个境界，才算得上是有道德的人吧。

好不逍遥

仲尼曰："人莫鉴于流水而鉴于止水，唯止能止众止。"

——《庄子·德充符》

孔老师接着又说，"人莫鉴于流水而鉴于止水"，水在流动的时候，是没有办法当作镜子来使用的，只有等到水静止了，才可以当镜子用，才能反照出我们自己的样子。"唯止能止众止"，唯有真正达到止的境界、定的境界，才能够让一切的动停止下来。

我们普通人的心理状况永远像一股流水，心中的波澜永远停止不了，所以就一直都不能真正地悟道，也就永远都不能得道。这里的"止"非常重要，"止于至善"，"知止而后有定"，"止"就是心念专一、止于一，这个或许就是最大的修养吧。看那海拉尔城上空被冻住的白烟，好像是止住了，可是，当我们把它拍成视频，然后快进播放的时候，就会发现它们动个不停呢。其实，只有了了生死的人，才能做到"以出世的成就，入世处理世间法"的境界。

受命于地，唯松柏独也正，在冬夏青青；受命于天，唯舜独也正，幸能正生，以正众生。

——《庄子·德充符》

庄子假借孔老师之口，在这里先是借松柏说明，"受命于地，唯松柏独也正，在冬夏青青"，无论冬天还是夏天，它温不增华，寒不改叶，永远长青，何其逍遥。然后，再借舜帝说明，"受命于天，唯舜独也正"，做人就是要以舜帝为榜样，因为他始终能够止定，就是认定人生一条正路，最后才能够君临天下，才能够率天地以正。"幸能正生，以正众生"，一个人唯能够自正，才能够正众生，也就是儒家常说的"己立而立人"。

夫保始之征，不惧之实。勇士一人，雄入于九军。将求名而能自要者，而犹若是，而况官天地，府万物，直寓六骸，象耳目，一知之所知，而心未尝死者乎！彼且择日而登假（遐），人则从是也。彼且何肯以物为事乎！

——《庄子·德充符》

孔老师说，"保始之征"，一个人经过长久的时间之后，还能够不忘平生之言，讲过的话一定做到，有始有终，能够做到这样就是了不起的人。"不惧之实"，在人世间活着，能够做到无所畏惧、勇往直前。"勇士一人，雄入于九军"，一个真的勇士，在战场上作战的时候，能够发奋冲锋，前方纵是千军万马也都无所畏惧，一人一马只管冲了进去。为了成功，为了胜利，"将求名而能自要者，而犹若是"，当时一股勇气，生死都不顾，到最后，他成功了、胜利了、成名了，这就是他的视死如归的一股勇气。

一个人能在千军万马的战场上，忘掉了生死去拼搏，博得成功、胜利和成名，还算不上是最难的事情。在人生的旅途中，零零碎碎地慢慢走，常常却会有恐惧之感，这才是困难的事情。就像今晚的海拉尔，当大伙儿都招呼着去满洲里，或是去吃夜宵，谁敢说自己心中没有被孤立的恐惧呢？

一个真正有勇气的人，已经很了不起了，要有足够的定力才行，才能在千军万马中做到无所顾忌。但是，比人世间成功的人更伟大的，是那些修道的人。因为修道的成果是"官天地，府万物"，掌握天地宇宙，容纳世间万物。"直寓六骸"，能够做到不受身体的支配，这个身体于他就是个空壳，只是租来用的"房子"，是个寄寓之所，不是真正需要的，所以把身体看得轻。"像耳目"，眼睛和耳朵看东西听声音，也只是象征性地用一用，其实是不会被眼睛或耳朵骗了的，这是形容有道的人的外形。

　　"一知之所知，而心未尝死者乎！"得道的人得了根本智以后，宇宙中万有的一切学问也就都明白了，那些差别智也就都有了。所以，得了道的人心里头是了了生死的，于是就永远没有死、不生不灭、永远常在。"彼且择日而登遐，人则从是也"，这种有了道的人，活在这个人世间，等到有一天他玩腻了，就登遐升华而去，只是我们一般人所看到的就是他死了、走了，不在这个世间而已。"彼且何肯以物为事乎！"这种人，怎么会把人世间这些事物、那些东西放在心上呢！

　　管他相约满洲里还是烧烤店，也不论各种喧嚣和寒冷，只管自个儿的自在和逍遥……

2. 哭笑不二流

一夜平静。

一觉睡到自然醒，到了在海拉尔的第三天，醒来时外面已经是日上三竿。朦胧中走到窗台前，拉开窗帘，让阳光能够尽可能多地照进来，这让人感觉很舒服、很温暖、很明亮，也是一种红红火火好日子的生活感受，更是一种此心光明的生命体验。

再看手机，已经快到九点了。又是几百条的留言信息，粗略翻了下，已经有两拨人赶赴机场去了，还有十几张满洲里和烧烤店的照片。我不着急，因为飞往上海的飞机要到傍晚才起飞。

听了北方人的建议，昨晚在窗户留了条缝隙，躺在床上盖着被子果然不再有灼热的感觉。一夜的安宁，让人倍感神清气爽。洗漱好，冲了一杯咖啡，闻着味儿，挺香挺美。站在窗前，眺望远方，正对面是一座赤褐色的山，山上建了几座庙宇，庙宇的背后正是太阳光射过来的笼罩在整个海拉尔城的光辉源头，感觉就是这座庙宇守护着整个城市的安宁和喜乐。

然后，削了个苹果，坐在能被阳光照到的躺椅上，翻开《庄子》，翘起腿儿，吃着苹果……就这样，感受着北国的冬日。

日上三竿

申徒嘉，兀者也，而与郑子产同师于伯昏无人。子产谓申徒嘉曰："我先出则子止，子先出则我止。其明日，又与合堂同席而坐。"子产谓申徒嘉曰："我先出则子止，子先出则我止。今我将出，子可以止乎？其未邪？且子见执政而不违，子齐执政乎？"

——《庄子·德充符》

有个复姓申徒名嘉的人，"兀者也"，是一个被砍去了一只脚的人，"而与郑子产同师于伯昏无人"，他与郑国的宰相子产都是伯昏无人的学生。因为申徒嘉是个残疾人，所以身为宰相的子产就觉得跟他在一起出入学校是件很丢人的事。于是，"子产谓申徒嘉曰：'我先出则子止，子先出则我止。'"子产就跟申徒嘉商量，当我要出去的时候，你就先不要出去了；如果你要出去，请你先告诉我一下，我就等等再出去了，这样我们两个人就可以各走各的路而不相随。可是，"明日，又与合堂同席而坐"。到了第二天，子产来了，申徒嘉紧随其而来了，而且还挨着坐在了一起。

这时，"子产谓申徒嘉曰"，子产就跟申徒嘉说，"我先出则子止，子先出则我止"。不是跟你说好了吗？我出来的时候，你就不要出来了；如果你要出去，我就不出去了。"今我将出，子可以止乎？"现在下课了，我要先出去，你慢一点再走，好不好？老实说，"其未邪？且子见执政而不违，子齐执政乎？"我可是国家的行政大员，你跟我这样相随且平起平坐，就是一点礼数都不讲究了吧！

很多的时候我在想，那些人世间过分的"礼数"究竟是约束了谁？是那些不懂礼数的人，还是那些执着于礼数的人？就像这宾馆的窗帘，它究竟是帮我们遮住了室内的秘密，还是挡住了窗外的风景和阳光呢？

申徒嘉曰："先生之门，固有执政焉如此哉？子而说子之执政而后人者也？闻之曰：鉴明则尘垢不止，止则不明

也。久与贤人处则无过。今子之所取大者，先生也，而犹
出言若是，不亦过乎！"

——《庄子·德充符》

申徒嘉听了子产同学的话，就回答他说，"先生之门，
固有执政焉如此哉？"在我们老师门下，出了你这么一位
宰相，但却没有想到是如此的差劲啊！"子而说子之执政
而后人者也？"你认为你做了宰相，那就可以看不起别人
了吗？我告诉你，"闻之曰：鉴明则尘垢不止，止则不明
也。"据我所知，当镜子擦得很干净的时候，只要我们身上
有一点点灰尘和缺陷也能照得出来的；但是，当这个镜子
不够干净明亮的时候，就算我们身上灰尘满布、全是缺陷
也是照不出来的。"久与贤人处则无过"，一个常与好人做
朋友的人，因他们常在一起相处、彼此参照，所以彼此都
不会有错误，自然都能学好。"今子之所取大者，先生也"，
现在你所敬仰的是我们这位老师，可是，你虽然也受了他
的教育，但是，"而犹出言若是"，你却讲出这种混账话来，
"不亦过乎"，这不是在犯非常大的错误吗？

这让人想起苏东坡和佛印的一段公案来。说有一日，
苏东坡和佛印在堂上坐禅，两个人对坐了一会儿，苏东坡
觉得无聊，就没话找话地问佛印和尚说："你看我像什么？"
佛印抬头看了他一眼，平静地说："我看你像一尊佛。"苏东

坡听了心里很舒服，又听见佛印反问他说："你觉得我像什么呢？"苏东坡看着打坐中的佛印和尚的样子，笑着说："我看你像一堆牛粪。"佛印默然以对。当苏东坡洋洋得意地出来的时候，遇见了苏小妹，苏小妹见哥哥得意的样子，就问他，因为什么事情那么高兴。苏东坡就把和佛印的对话讲给了妹妹听，谁知道苏小妹听完，叹息着说："哎，人家佛印师父看你像尊佛，这说明人家心里有佛。而你说人家像堆牛粪，却也说明你心里有的是牛粪啊！"苏东坡这才恍然大悟，惭愧得无地自容。

　　子产曰："子既若是矣，犹与尧争善，计子之德，不足以自反邪！"

——《庄子·德充符》

　　可是，在这里子产听了却很不高兴，他对申徒嘉说，"子既若是矣"，你都已经形残断足了还跟我傲慢起来了，你真以为自己很了不起啊，"犹与尧争善"，难道连尧帝都不及你了吗？"计子之德"，你掂量掂量你自己吧，"不足以自反邪！"我看你连一点反省的想法都没有嘛！

　　当我们预设了自己的"正确"和"正义"以后，就会觉得，错的都是别人，都是别人对不起我们。于是，就会以"正义的一方"对别人进行驳斥和批评，指责别人"不明事理""大逆不道""违背天理"……

　　申徒嘉曰："自状其过，以不当亡者众；不状其过，以
不当存者寡。知不可奈何而安之若命，唯有德者能之。游
于羿之彀中，中央者，中地也；然而不中者，命也。"

——《庄子·德充符》

　　于是，当申徒嘉听完子产的话，就告诉他说，"自状其
过，以不当亡者众"，世上的人进行自我反省的时候，都会
认为自己都是情有可原的，而罪魁祸首总是别人。但是，
能够"不状其过，以不当存者寡"，认为自己做得多么错谬、
多么不应该、多么该死的，以这样的姿态进行反省的人是
非常少的。

　　"知不可奈何而安之若命"，在这个无可奈何的人世
间，不认为自己是更高明的，也不认为别人是弱智低能的，
大家都只是很平常地活着，只是尽情地体验着这生命中的
一切。能过这样的人生，"唯有德者能之"，只有道德最高
的人才做得到。就像耶稣，明知百姓愚昧，却情愿被钉在
十字架上去拯救；也像孔子，明知他所生活的那个世界无
可救药，却还是孜孜不倦地四处奔走着。

　　"游于羿之彀中，中央者，中地也；然而不中者，命
也"。其实，我们所有人的人生，都像是那箭靶的中心，没

人能逃离神箭手后羿的一箭，所以，人生在这个人世间，随时都可能要挨那一箭的，随时都会被后羿射中。当然，也有些人或能始终没有被箭射中，那就是属于命好的。

孔子在描述自己四十岁时的状况，用的是"四十不惑"四个字，这四字的意思就是心有所安处，不会再被什么世俗的东西迷惑、蒙蔽。今年，我也要跨进四十岁的门槛了，回看过去的那些有记忆的岁月、时光，好久都没有（或者说没能）睡懒觉了，更别说睡到日上三竿。

当然，那么多年来，我几乎是不用闹钟的，也算是天天睡到自然醒，也可以说是生物钟一直发挥着作用，每天总是能在清晨六点多的时候就醒过来了。也不是一夜无梦，跟记忆中那些闭上眼睛就睡着、睁开眼睛已天亮的年月，睡眠的质量是不能比的。上初中之前，我从来不知道有"漫漫长夜"；可是，在初中之后，夜是一年比一年漫长啊……

此心光明

《庄子·内篇》第五篇叫《德充符》，讲的是什么是人生道德充满的境界。可是，庄子选用的都是外形残疾的人，但是，这些外形残疾的人却都是有道德的人。庄子这么编排，就是要告诉我们，一个人的道德充沛与否，不在外形的美丑，而在于内心的光明与否。

"人以其全足笑吾不全足者众矣，我怫¹然而怒；而适先生之所，则废然而反。不知先生之洗我以善邪！吾与夫子游十九年，而未尝知吾兀者也。今子与我游于形骸之内，而子索我于形骸之外，不亦过乎！"子产蹴然改容更貌曰："子无乃称。"

——《庄子·德充符》

这段文字是申徒嘉接着上面的一段话，就是还在那里教训子产的。他对子产说，"人以其全足笑吾不全足者众矣"，别人看我都觉得很奇怪，大家都是双脚健全的人，可是我偏偏就少了一只脚，是个有残缺、有残疾的人，这样看我的人太多了。当然，"我怫然而怒"，我愤懑极了、非常生气。但是，"而适先生之所，则废然而反"，当我一回到老师这里，一下子就怒气全消又恢复如常了。

我跟着老师学习了那么久，"不知先生之洗我以善邪"，不知道是不是他以善行帮我清洗了一般，把我内心洗得干干净净，于是，自然就变得光明、善良了。于是，"吾与夫子游十九年，而未尝知吾兀者也"，我跟着老师学习了十九年，从来没觉得自己是一个有残缺的残疾人。也就是说，在我们老师眼里，我申徒嘉和你子产是一样的生命，都跟

第五篇　德充·绘众生

1　怫：fú。

万物一样的齐全。所以，"今子与我游于形骸之内"，你和我都是一样的，生命都被陷在了这个肉体里面了。但是，"而子索我于形骸之外"，你却忘掉了生命的本能，忘记了生命被这个肉体所拘束，这本已经很悲哀了，你却还在外形上分辨你和我的美丑，"不亦过乎"，真是大错特错呢！

子产被申徒嘉这么一顿臭骂之后，或已是汗流浃背，"蹴然改容更貌"，赶快站了起来，向申徒嘉行了礼、道了歉，脸色都变了，态度也转变得非常恭敬。他对同学申徒嘉说，"子无乃称"，求你别说了，我知道错了。

其实，我们的生命不仅陷在肉体的存在、被肉体所拘束着，而且还被周遭的环境捆绑着，芸芸众生都跟子产一样，早已忘掉了生命的本质，不仅分辨着各人外貌的美丑、财富的多寡、权力的大小，而且还一天到晚分辨着学问的多少、道德的盈缺、才能的高低。远处高高矗立的庙宇，就是申徒嘉对我们的警醒吧，时刻提醒我们这么做实在是大错特错啊！因为我们自己的心灵不够光明、亮堂，才会生出这些障蔽的东西出来吧。

喜乐安宁

鲁有兀者叔山无趾，踵见仲尼。仲尼曰："子不谨，前既犯患若是矣。虽今来，何及矣！"无趾曰："吾唯不知务而轻用吾身，吾是以亡足。今吾来也，犹有尊足者存，吾是以务全之也。夫天无不覆，地无不载，吾以夫子为天地，安知夫子之犹若是也！"

——《庄子·德充符》

"鲁有兀者叔山无趾"，鲁国有一个被砍去脚趾的残疾人，名字叫叔山无趾，"踵见仲尼"，用两个脚后跟行走着，来拜见孔子。孔子见到他这个样子，就说，"子不谨，前既犯患若是矣"，你看你自己多么不小心，把自己搞成现在这个样子了，才来找我，"何及矣！"来不及了，伤害已经造成了，太迟了。

实际上，庄子给无趾预设的是已经悟道了的人物，所以，在这里无趾对孔子说，"吾唯不知务而轻用吾身，吾是以亡足"，之前因为年轻不懂事，自己不够重视身体，对身体很随便，所以才失去了脚趾。"今吾来也，犹有尊足者存，吾是以务全之也"，今天我来见你，是因为我还有比双脚更尊贵的道德修养，我要尽力保全它。

"天无不覆，地无不载"，不管是好的还是坏的，都在天底下，好的和坏的也都被地承载着。这个天地非常仁慈伟大，总是希望人与万物都能够好好地活下去。"吾以夫子为天地"，我原以为你的修养和胸襟也达到了和这天地一样的仁慈，"安知夫子之犹若是也"，没想到，在你看到我的外形后，讲出那样的话，所以你也不过如此啊！

冬天的海拉尔极其寒冷，这几天已经领略过了。同时，冬日的海拉尔又极其温暖，和暖的太阳、好客的人们、激情的活动，无不向人们展现着冬日里海拉尔的热度。这让我想到，这人世间本没有善恶的吧，善恶的存在都是天地的作用，就像这寒冷和温暖本无善恶，都是在天地间的交互作用。

孔子曰：丘则陋矣。夫子胡不入乎，请讲以所闻。无趾出。孔子曰：弟子勉之！夫无趾，兀者也，犹务学以复补前行之恶，而况全德之人乎！

——《庄子·德充符》

当孔子听了无趾的这一番说辞后，就对他说，"丘则陋矣"，是我太浅薄了。"夫子胡不入乎，请讲以所闻"，先生您何不进来，和我聊一聊你所知道的道理。聊完以后，"无趾出"，无趾就走了。无趾走后，孔子跟他的弟子们说，"弟子勉之！"你们要加倍努力啊！"夫无趾，兀者也，犹务学以复补前行之恶"，无趾这个人虽是一个外形残疾的人，但是他的心灵精神是健全的，他知道在学问道德上进行修养来弥补自己以前的过失。他一个残疾人都能做到，"而况全德之人乎"，何况我们这些手脚健全的人呢！

在这世界上，全德的人真的很少啊，当然，只是身体健全不算是全德，还要有精神上足够的修养，以及内心道德学问的足够成就，才能算得上是一个全德的人。回望在这人世间的四十年，见到过的全德之人寥寥无几，却教我受益匪浅，甚至终身受益了。

无趾语老聃曰："孔丘之于至人，其未邪？彼何宾宾以学子为？彼且以蕲以诚[1]诡幻怪之名闻，不知至人之以是为己桎邪？"老聃曰："胡不直使彼以死生为一条，以可不可为一贯者，解其桎梏，其可乎？"无趾曰："天刑之，安可解！"

——《庄子·德充符》

这个无趾又去找到老子，跟他说，"孔丘之于至人，其未邪？彼何宾宾以学子为？"依我看，孔子那个人恐怕还没有真正悟道，否则他为什么经常来向您请教呢？"彼且以蕲以诚诡幻怪之名闻"，我看孔子虽然已被世人标榜为"圣人"，但是他还不是真的有道之人啊！因为真正有道的人，讲话很通俗，根本不用奇谈怪论来标榜自己。因为"不知至人之以是为己桎邪？"真正得道的人，会把那些学问和知识当成是自己的枷锁、桎梏，因为它们把生命捆住了。但是我们知道，孔子是跟我们说，做人一定要讲礼的。于是，

---

1 诚: chù。

讲礼就会把我们自己捆绑住了，生命就不得自然了。

老子听完无趾的话，就对他说，"胡不直使彼以死生为一条"，既然你已经见过他了，怎么那时候不引导他了解"死生为一条"呢？就是了了生死，生就是死、死也就是生，生命不在于一个有形的生死。因为"以可不可为一贯者，解其桎梏，其可乎？"世间的好与坏都差不多，做人得意和失意都是一样、一贯的。如果你无趾能够引导他去了了生死，然后，以无可无不可的状态去处人世间，那么他生命的一切外形的刑具不是都解脱了吗？

不过，无趾却怼老夫子说，孔子之所以这样，是"天刑之，安可解"，那是上天要给他的惩罚，现在他的"刑期"还没有结束，因此就应该继续受这惩罚的罪。

嘿嘿，既然"安可解"，那就再削个苹果，继续坐在躺椅上，接着晒太阳，看看庄子"吹牛"……

3.顺其自然沛

　　刚要到饭点，书也正好读到了一个阶段，拿起手机一看，新群依旧热闹，各种道别和赠语，以及虚无缥缈的约定。

　　那位来自湖南怀化的小伙子发来信息，相约一起去吃午饭。于是，我们来到楼下的中餐厅，点了几个海拉尔的特色菜，再来两瓶啤酒，像两个老熟人似地聊开了。

　　怀化是湖南辖下的一座小城市，说它小，那是跟上海、北京、深圳这样的超级城市比较而言。小伙儿介绍说，怀化又称鹤城、鹤州、五溪，宋代以"怀柔归化"之意设怀化砦，怀化之名由此得来。怀化位于湖南西部偏南，是湖南省面积最大的地级市。怀化是"多民族文化村"，长期以来，侗、苗、瑶、土家等 50 个民族在这里繁衍生息，创造了浓郁多彩的民俗文化。

"当然了，怀化跟上海等一线城市比较起来，最多算是四线城市，三线城市应该都算不上。"小伙儿接着说，"这次来一趟海拉尔，换了三四次车。先是坐火车到长沙，再从长沙换动车到上海，然后从上海转乘飞机飞过来……不过，即便如此，我还是很享受在怀化这种小城市里的生活的。"

"为什么呢？你不是 95 后吗？就没想过要到大城市闯一闯？"我也就是随便一问。

"小城市有小城市的味道和乐趣吧。虽然，收入不算太高，但是，像我这种做做五金小买卖的，每年有个三五十万的收入，在我们那里，可算得上是高收入了。房子、车子也都有，虽然只有二十来岁，在我们那里混到我这样的也算得上是成功人士了。这种感觉还是很舒服的……"

除了生活，我们还聊了很多，例如：投资、管理、经济形势……很明显，这些东西他都不太懂，甚至有些名词都是第一次听到。所以，听得他眼睛发亮，连说"佩服""长见识""太受教了"。

末了，他意味深长地对我说："这顿饭吃得太值了！我可以拿回去跟他们说上好久好久了！"

结果，这顿饭还是我买的单……

饭　点

　　鲁哀公问于仲尼曰：“卫有恶人焉，曰哀骀它。丈夫与
之处者，思而不能去也。妇人见之，请于父母曰‘与为人
妻，宁为夫子妾’者，数十而未止也。未尝有闻其唱者也，
常和人而已矣。”

——《庄子·德充符》

　　鲁哀公问孔子说，“卫有恶人焉，曰哀骀它”，卫国有
个极丑无比的人，他的名字叫作“哀骀它”，光这“哀骀它”
三个字就是可悲、难看得要命的意思。但是，“丈夫与之处
者，思而不能去也”，男人一旦认识了他，就不再愿意离开
他。“妇人见之，请于父母曰‘与为人妻，宁为夫子妾’者，
数十而未止也”，女人一看过他，马上就回家跟父母吵着闹
着要嫁给他，并且说，即使是给他当个小老婆也无所谓。
如此这般的女人，远不止有几十个。这个哀骀它太厉害了，
“未尝有闻其唱者也，常和人而已矣”，自己从来没有给自
己做过宣传、广告，他只不过是对待别人都很好的样子，
人家也就以很好的姿态回报他。
　　这个哀骀它，让我想起自己十来岁的那几年，也就是
在初中里少年时光里的一些人。那时候，香港的系列电影
《古惑仔》正在热播，金庸的侠义小说也正广为传播。于是，

在校园里面都充斥着江湖义气和哥们儿情谊，镇上就出现了不少"古惑仔"。他们都追随着所谓的"大哥"，这些大哥啊，都像这哀骀它，没有别的过人之处，也不自我宣传，就一点：对人都很"好"。于是，跟着他们屁股后面的青少年也就多了起来，于是，出入镇里都是浩浩荡荡的。

当然，这些大哥对人的"好"，是带引号的。他们就是帮着那些叛逆期的少年们宣泄一下青春情绪，或者帮着这些少年们出头打打架。这些懵懂的少年啊，倒是真心地跟随这些大哥们，真的是为了莫名其妙的江湖义气、兄弟情义，出生入死。

只是，可惜了啊，莽撞少年……

无君人之位以济乎人之死，无聚禄以望人之腹。又以恶骇天下，和而不唱，知不出乎四域，且而雌雄合乎前。是必有异乎人者也。

——《庄子·德充符》

这个哀骀它，既没有君王那种"以济乎人之死"赦免死罪的权力，也没有钱财"以望人之腹"接济穷人的实力。不仅如此，"又以恶骇天下"，他的面貌形态又极其难看，他"和而不唱"，又没有包装宣传自己，"知不出乎四域"，学问、智慧、知识也相当平庸，而且知名度仅限于四境一隅之内。可是，"且而雌雄合乎前"，不论男女老幼都愿意跟随他，都听他的。于是，鲁哀公就很困惑，"是必有异乎人者也"，这个哀骀它一定有什么特别的地方超越一般常人吧。

《红楼梦》里有个人物叫作薛蟠，整日里游手好闲、无所事事，却是个好妄称老大的人。于是，终日里跟随了一帮小厮、小混混和学校里的公子哥儿们。虽然他没有什么才华，更谈不上有什么好的人品和教养，可是，他就是有一种能让别人趋之若鹜的能力，因为他待"自己人"是极好的。我想，这哀骀它或许是薛蟠的升级版吧。

寡人召而观之，果以恶骇天下。与寡人处，不至以月数，而寡人有意乎其为人也；不至乎期年，而寡人信之。国无宰，而寡人传国焉。闷然而后应，泛而若辞。寡人丑乎，卒授之国。无几何也，去寡人而行。寡人恤焉若有亡也，若无与乐是国也。是何人者也？

——《庄子·德充符》

鲁哀公说他"召而观之"，想办法把这位哀骀它叫来了，"果以恶骇天下"，果然，这个人奇丑无比。可是，那么难看的人，"与寡人处，不至以月数"，我与他相处了不到一个月，"而寡人有意乎其为人也"，就使我觉得他非常可爱，他做人好像也没有什么缺点，每件事做得都很不错啊。"不至乎期年，而寡人信之"，在一起待了一年，我甚至都已经迷信上他了。

"国无宰，而寡人传国焉"，国家正缺宰相，我想把国事委托给他。于是，我就找他来商议此事，他却"闷然而后应"，闷声不响，半天就是嗯啊哈啊的，也没有讲可以或者不可以。后来，"泛而若辞"，他讲了一句话，不可以，我没有资格担当。"寡人丑乎"，这让我觉得很丢脸，"卒授之国"，最后，我终于勉强地把政权国事交给了他。可是，"无几何也，去寡人而行"，几天不到，他就偷偷地溜走了，离开了我，他根本不要当这个宰相啊。

之后，"寡人恤焉若有亡也"，我心里好像掉了一件很重要的东西，非常不安稳，难过极了。从此"若无与乐是国也"，没有快乐过一天的，虽然拥有着这个国家，但是我并不快乐啊。那么，"是何人者也？"这哀骀它究竟是个什么样的人呢？

能让一国之君如此神魂颠倒的人，显然不会只是我前面说到的那些古惑仔大哥、薛蟠之流的人。接下来，庄子借孔老师之口给我们答复：哀骀它这样的人就是充沛的人。

我们知道，在春秋战国那时候的文化里，道德两个字是分开的。道是礼，是内涵，是每个人学问修养的内涵；德是用，得了道礼能够起作用，是用世之道。其实，这篇《庄子·德充符》，就是庄子用寓言，用高度的文学笔调，用超

160

艺术的手法，给世人绘制出来的一幅人生图画。

城　市

仲尼曰："丘也尝使于楚矣，适见豚子食于其死母者，少焉眴[1]若，皆弃之而走。不见己焉尔，不得其类焉尔。所爱其母者，非爱其形也，爱使其形者也。"

——《庄子·德充符》

孔子说，"丘也尝使于楚矣"，我曾经到过楚国，"适见豚子食于其死母者"，恰巧看到小猪们在吃已经死了的老母猪的奶，"少焉眴若，皆弃之而走"，小猪们吃了半天的奶，突然发现老母猪已经死了，于是，小猪们统统就都跑掉了。"不见己焉尔，不得其类焉尔"，小猪们为什么要跑开呢？因为看到妈妈的样子变了，是死猪的样子，不是原来活着的妈妈了，已经跟自己不一样了，已经不再是同类了，所以就害怕地跑开了。

猪也好，人也好，"所爱其母者，非爱其形也"，他们都爱自己的父母，但是，并不是爱父母的形骸。"爱使其形者也"，大家所爱的是使之成为形骸的那个，也就是形体背后的那个东西。也就是说，我们所爱的不是外形，而是支配外形的里面的那个精神。正如我们这些普通人，我们的

1　眴: xuàn。

爱人再可爱，当他们死亡、消逝之后，就无法再爱了。

　　湖南小伙儿说他喜爱自己的小城市，正如我喜爱生活工作的大上海一样。可是，万一有一天到了城市消亡的时候，我们也就不会再爱这座城市了。所以，孔老师（其实是庄老师庄子说的）告诉我们，我们所爱的不是这座城市的外形，而是这座城市外形里面的那个城市的精神。

　　战而死者，其人之葬也不以翣[1]资；刖[2]者之屦[3]，无为爱之。皆无其本矣。为天子之诸御：不爪翦，不穿耳，取妻者止于外，不得复使。形全犹足以为尔，而况全德之人乎！今哀骀它未言而信，无功而亲，使人授己国，唯恐其不受也，是必才全而德不形者也。

　　　　　　　　　　　　　　　　　——《庄子·德充符》

　　孔老师说，在古代的礼仪中，"战而死者"，因打仗战败而死的军人，"其人之葬也不以翣资"，送葬的时候，不用军人的服装给他穿着。因为军人是勇敢的象征，而因战败而死使人觉得丢脸，所以勋章都不给他戴上。在人类文化中，是尊重英雄、尊重勇士的，所以在战败而死的人出

1　翣: shà。

2　刖: yuè。

3　屦: jù。

和庄子一起去旅行

葬中，就连表扬状都不能拿出来，只能普普通通、潦潦草草地埋葬了。"刖者之屦，无为爱之"，若是一个断了腿的残疾人，或者五个脚趾头被砍掉了的人，因为连腿脚都没有了，所以不需要鞋子，也就当然不会再去爱那鞋子了。"皆无其本矣"，都是因为没有了根本，没有了生命的主体，所以表彰、勋章、鞋子都变得没有意义了。

"为天子之诸御：不爪翦，不穿耳"，古代进宫服侍帝王的女子，她们被要求不准穿耳洞，也不准剪指甲，这么要求的意思是要保持形骸齐全。"取妻者止于外，不得复使"，普通人娶了妻子，就可以不再服役，不受外界干扰。

为什么古代会有这样的文化风俗呢？这是因为"形全犹足以为尔，而况全德之人乎"，形体完好的人尚且能够让人感动，何况是德性完备的人呢！古代人不但追求人们内心的美好，也追求人们外形的全好。如果一个人内在的道德不美的话，他的外形再美也是丑陋的。如果一个人内在的道德充沛了，即使他的外形怎么丑陋，也会是这个世界上最美的。

孔老师接着说，"今哀骀它未言而信"，现在这个哀骀它，用无言之教，就是用不着说话的身教，让人们自然就受他的影响。"无功而亲"，用不着有什么特别的表现，自然就会使人们感到他是可以信任、可以亲近的。所以"使人授己国，唯恐其不受也"，他能使人情愿把国家交给他，还唯恐他不愿意接受。孔老师说，这哀骀它"是必才全"，一定是才能、学问都具备的全才人物。但是，"而德不形者也"，他的道德内涵始终不外露，所以才更显得他的完美。

所谓的全德之人，就是道德真正修养到了家，也就是至真至善至美的人物。一个人的修养，就是要让自己的道德变得充实，让自己的精神得到升华，那才是人世间真正的美。手捧《庄子》，对话庄子，游览海拉尔，感受北国风光，就是在欣赏，透过这些外在的东西所反映出来的，其外形里面的那个道德充实吧。

买　单

哀公曰："何谓才全？"仲尼曰："死生存亡，穷达贫富，贤与不肖毁誉，饥渴寒暑，是事之变，命之行也。日夜相代乎前，而知不能规乎其始者也。故不足以滑和，不可入于灵府。使之和豫通而不失于兑。"

——《庄子·德充符》

鲁哀公问孔老师，"何谓才全？"怎么样才叫作"才全"呢？实际上，这里的才包含了智慧、学问。

孔老师说，像"死生存亡，穷达贫富，贤与不肖毁誉，饥渴寒暑"，这些相对的一切外界影响，"是事之变，命之行也"，都属于世事之变，也都是人生境界会遭遇到的，这些东西组成的就是人间世。在我们人生的道路上，这些现象的变化，会随时显现。也就是说，生命是自己创造的，有股力量永远在转动，在我们生命存在的途程上，使我们自然遭遇种种的变化。

孔老师又说，"日夜相代乎前，而知不能规乎其始者也"，白天过了是黑夜，黑夜过了之后又是白天，日夜交替变化就在我们面前，但是人们却找不到生命力量及宇宙万有变化开始的起点。我们普通人的智慧有限，自然没有办法参透这个最初的动能是怎么来的。不过，如果有一天我们参透了这个本源，那就是所谓的"悟道"了。

我们普通人被限制在时间和空间里，心灵一直得不到解脱，也得不到真正的自在，始终被外在的环境阻碍着，所以一直到达不了"滑和"的境界，也就是达不到一个祥和、安适的境界。因此，"不可入于灵府"，不能升华到心灵最高的解脱的境界。

假使一个人的修养，"使之和豫通"，流通和豫之气，与天地相通，入于灵府的境界。"而不失于兑"，一天到晚都是愉悦的，到达了随时随地都在和平、愉悦的境界中，自己心中也就永远没有烦恼、没有忧愁了。

实际上，一个真正有道德的人，"才、德、学"三样都是要具备的。在道家的思想文化里，认为人可以修养成人仙的，从而使我们的肉体生命永远存在，就是所谓的"长生不老"，这种观念或许是中国道家文化所特有的。当然，如果我们本来就不是神仙的材料，就算真正遇到了神仙，求也是徒劳。

> "使日夜无隙，而与物为春，是接而生时于心者也。是之谓才全。""何谓德不形？"曰："平者，水停之盛也。其可以为法也，内保之而外不荡也。德者，成和之修也。德不形者，物不能离也。"

——《庄子·德充符》

"使日夜无隙"，当我们修养到昼夜心里没有杂念、没有烦恼这种境界的时候，就能"而与物为春"，同万物融会，我们的身心就永远是春天，就能永葆青春，就能永远快乐。"是接而生时于心者也"，这是因为宇宙的生命相互交接在一起，所以能够让生命生生不息，因而没有衰落也没有烦恼，"是之谓才全"，这样道德的充实的人，就是所谓"才全"的人。

鲁哀公接着又问孔老师说，"何谓德不形？"怎么叫作"德不形"呢？庄子所讲的"德不形"，是有道德而不形之于外，比意气平的境界还要高的，所以鲁哀公有此一问吧。

孔老师回答他说，我们都知道，水只要有一点点的倾斜就会流动，所以"平者，水停之盛也"，水真正平了就不流了,叫作水平,这是水极端静止的状态。"其可以为法也",人们要效法水平,让我们的心境慢慢地修养,让道德不断地充实起来。"内保之而外不荡也",让内在的心境永远保持这个水平的境界,而不受到外界的任何影响。

"德者,成和之修也",当道德的修养到"成和"的境界,才是真正成就了心境的平和,才是内德的修养。当内在有这种道德的修养的时候,就能"德不形者,物不能离也",不管外界万物如何纷扰,始终没有离开这个凝定、祥和的境界。

好吧,来"买单"了——

不要看人的外在,要看其内在道德的修养;不要被外面的境界、现实的环境困住了,要修养自己的精神使其升华,而且要使精神升华到不制造麻烦的程度。不过,跟自己生命过不去,自己往死路上走,那不是"德充符"。要达到真正道德充沛,达到道的境界,就是要顺其自然,让心境很平和,滋养内在的精神,生命的道德自然就充沛了,身体的内在也就充沛了。

道德充沛了以后,才可以称为"大师",所以,《庄子》的下一章紧接着谈的就是《大宗师》。

第六篇 / **宗师・不能大**

1. 潇洒入红尘

吃过午饭，就一直待在酒店房间里面读《庄子》了。

一直到下午两点左右，酒店前台打来电话，要求退房。于是，只好收拾行李，到大堂办理了退房手续。可是，主办方送机的大巴车却要到三点半才能过来，外面依旧是极寒的零下二十五摄氏度，只好就在酒店里面溜达了起来。

酒店的二楼有个足浴中心，看着挺干净的，门口前台有几个像是一家人模样的正在那里咨询价格，我也就跟在他们后面，来到一个包房里。等了好半天也不见服务员进来招呼，以为他们都在招呼前面那一家子去了，只好自己待在房间里看了会儿电视，却不知不觉地在躺椅上打起了

171

盹……

"先生，是你要做足浴吗？"一个豪迈的声音搅醒了我，抬头一看，进来的是一个魁梧的半老徐娘。我睡眼惺忪地答应着，拿起手机一看，已经是三点一刻了！

"非常抱歉，我的车马上要到了，急着赶飞机哦……"我向服务员解释。

"哦,哦,没事,我们这里常有这种事的。"听我如此说，服务员反而不好意思，"前台给我打电话的时候，我还在家里吃午饭呢。路上我就在想，不要等我过来了，客人着急着赶飞机去了呢。没想到，果然如此！不好意思……"

"不好意思的是我才对。"说完，我掏出一百块钱给她，她不好意思地收下了。

"要不我给你肩膀上按两下吧？"服务员一边收钱一边就要过来按肩膀。

"不用了，不用了！"我制止了她，并赶紧站了起来，拖着行李箱就往外走。

"不好意思啊！您慢走啊！祝您旅行愉快啊……"

我办好了登机手续来到候机厅，看到那里排满了电动按摩椅，再看看起飞时间，赶紧找到一张椅子坐下，用手机支付了费用，闭起眼睛享受了起来。

回忆起刚才在足浴中心发生的事情，突然有了几个疑问在脑海中回荡：那人真的是服务员吗？她真的是技师吗？她说的是真的吗？

退　房

知天之所为，知人之所为者，至矣。知天之所为者，
天而生也；知人之所为者，以其知之所知，以养其知之所
不知，终其天年而不中道夭者，是知之盛也。

——《庄子·大宗师》

　　在这段文字中，庄子提出对自己生命的把握，他认为
人的生命是自己可以做主的，并不会是那么短暂的。

　　道家思想认为，人的生命同宇宙的自然法则是一致的，
所以，如果我们能够去"知天之所为"，明了自然法则，然
后又能去"知人之所为"，了解人为的各种世俗道理（包括
生理的变化，精神、思想的变化等），一个人的修养学问到
了这个地步，就是"至矣"！达到了极致的境界。

　　道家思想还认为，"知天之所为者，天而生也"，生命
最高的功能是从"无为"而来的，因无所为，才可以使其
他的人和生命能够发挥出他们的长处来，所以得道的人"无
知"。一个悟了道的人，"知人之所为者，以其知之所知，
以养其知之所不知"。其实，我们已经知道生命包括了生理
和精神两方面，所以，一方面的情况是，当我们的身体疲
劳了，一定要休息，当我们休息好了，一定会清醒；另一

方面的情况是，当我们得到知识学问之后，在很多时候却反而成了侵害我们生命的武器。因此，当我们有了一定的知识学问的时候，就要返回去寻找我们自己所不知的——我们所不知的，就是那生命的本源。

我们已经知道，我们的思想、知识是我们生命能知的第二层投影，而这个能够思想、有知识、有学问的功能，是有一个根本的存在。如果明白了第一层的这个根本，就会被称作"得道"。所以，所谓的"道"，必须是高度的智慧证实，证实的结果就是"知而非知"。因为若有一个知的存在，那就已是非道了。

这个现有的生命"终其天年而不中道夭者，是知之盛也"，不会中途夭折死去，那是因为智慧充沛的缘故。在道家思想文化中，人人都可以做到与天地同寿、与日月同辉，天地人三者的寿命是可以一样长久的。可是，为什么我们普通人做不到呢？这是我们自己糟蹋自己的结果——存在于我们身上的一切的喜怒哀乐、一切的情绪心理的变化，都是减少我们寿命的根源。

在宾馆的房间里，本来读书读得好好的，结果服务员一个电话打来，被要求退房，就此中断了我与庄子圣人的神交，中断了精神的滋养，使得自己的情绪也随之波动，行为也随之乖张……也不知道又会减少多少寿命？

虽然，有患。夫知有所待而后当，其所待者特未定也。庸讵[1]知吾所谓天之非人乎？所谓人之非天乎？

——《庄子·大宗师》

接着上面一段，庄子讲到"虽然，有患"，但是，这个道理还有毛病。接着提出一个理由，"夫知有所待而后当"，人们获得知识必须依赖于一定的条件，我们所了解到的知识都是对等，都是相对而了解的，唯知学把相对叫作比量，就是比较而知，然后才能给定一个恰当的名词，做一个恰当的了解，这是世界上普通的知识。在这个人世间，"其所待者特未定也"，知识都是相对的、比较性的，没有绝对的标准，获得知识的条件本身也是变化不定的。

接着庄子在那里感叹说，"庸讵知"，庄子的口头语，意思是"怎么知道"。"所谓天之非人乎？"我们现在所谓了解到的这个"道"，乃至这个"天"，或者是形而上的这个道体，怎么就知道不是人为的呢？"所谓人之非天乎？"我们所谓的人言，又怎么知道它不是"道"呢？实际上，最平常的道理、最平常的东西，就是最高的真理。真理就在最平凡的地方，平凡就是最高的真理。

所以，我们老百姓都喜欢"风调雨顺，国泰民安"，都

1　讵：jù。

是在人世间追求安居乐业的。自然，若是困了，那就打个盹呗，管他是家里、酒店、机场，还是在足浴中心呢。

赶　巧

且有真人而后有真知。何谓真人？古之真人，不逆寡，不雄成，不谟[1]士。若然者，过而弗悔，当而不自得也。若然者，登高不慄[2]，入水不濡，入火不热，是知之能登假于道者也若此。

——《庄子·大宗师》

在这里，庄子告诉我们说，"且有真人而后有真知"，得了道和德的人就是真人，到达了真人这个境界那才是真智慧，一定是要有了真人然后才能有真知。"何谓真人？"什么样才叫做得道的真人呢？"古之真人，不逆寡，不雄成，不谟士"，这里所谓的"不逆寡"，就是顺其自然；"不雄成"，就是在人世间一切的成功都很自然，也就是没有成功或失败的感觉；"不谟士"，就是不会去祈求神灵什么，因为一切都很自然没有祈求的需要。实际上，"逆寡、雄成、谟士"这三点是我们普通人心理状况中最严重、最热切的地方，

1　谟: mó。

2　慄: sù。

但是，真人"不逆寡，不雄成，不谟士"，心里面没有这三方面的毛病。

庄子还告诉我们说，"若然者，过而弗悔，当而不自得也"。真人就是如此，因为做到了这三样，他也就没有什么过错了，就算在别人看来会有过错，对于他来说不会是主观上的过错。"过而弗悔"，这种过错，有过之后就过去了，这会儿的事过去了就过去了，没有后悔之意，也不会纠缠不放。"当而不自得也"，若处理事务恰到好处，也不会有得意洋洋的情况。

"若然者，登高不慄，入水不濡，入火不热"，人修养到这个境界，已经没有了情绪杂念，也已经没有时间观念，没有了失意、得意，也没有过去、现在、未来。因此，他攀高不会感到恐惧，涉水也不会觉得沾湿，赴火也感觉不到炽热。"是知之能登假于道者也若此"，这是因为，他心灵已经到达了无量无边、大而无外、小而无内的境界，一切的知觉、感觉都跟他不相干，同时，连肉身也忘掉了，这样的人才能叫作真人。

迟不来晚不来，就在刚刚要乘车的时候，这个彪悍的足浴技师进来了。或许，也不是过去，也不是现在，也不是未来，恰是赶巧了。或许，也不是计划，也不是偶然，也不是邂逅，恰是境界呢？

正如在我们中医的思想里面，有个叫"医缘"的东西。

在《红楼梦》第十章"金寡妇贪利权受辱，张太医论病细穷源"中，张太医给秦可卿看了病、开了药方之后，"贾蓉看了，说：'高明的很。还要请教先生，这病与性命终久有妨无妨？'先生笑道：'大爷是最高明的人。人病到这个地位，非一朝一夕的症候，吃了这药也要看医缘了。'"就是这里张太医说到的这个"医缘"。不管是先前秦可卿"这个症候，可是那众位耽搁了。"还是吃了张太医的药能否痊愈，中医思想会认为，一是"应有此灾"，二是"要看医缘"。西医是没办法理解这些的，其实，这就是道家的思想，人是宇宙整体的一部分，人之所以生病是自然的作为，自然，能否把病治愈也就是自然的作为了。

古之真人，其寝不梦，其觉无忧，其食不甘，其息深深。真人之息以踵，众人之息以喉。屈服者，其嗌[1]言若哇。其耆[2]欲深者，其天机浅。

——《庄子·大宗师》

庄子接着说，"古之真人，其寝不梦"，古时候的真人，夜里睡觉无梦，睡了就是睡了时候的生命状态，醒了就是醒了时候的生命状态。"其觉无忧"，他醒着的时候不会忧

---

1 嗌：ài。

2 耆：qí。

虑，生命很是坦然、自在。"其食不甘"，真人吃什么东西也无所谓，不会在乎世人所谓的"好吃"或"不好吃"，因为真人没有了、解脱了饮食上面的欲念和病症。"其息深深"，呼吸的时候自然深沉舒缓，能到达足底心，也能到达每个脚趾头。这个所谓的"息"，就是在我们身体一呼一吸转换中间的那个"停了一下"的状态。

"真人之息以踵，众人之息以喉"。在真人的呼吸往来中，那个能够保留元气的"息"，每一次都能够到达足底心；而我们普通人的呼吸只能到达喉咙间。这里就是告诉我们，得了道的人，生命自然在那里自由地呼和吸，而且每次都能够抵达身体的足底心。这就是真人的外表，有这种境界久而久之就有资格做大宗师了。也就是说，即使修养到了这种境界，还没有到达"大宗师"的程度，只是"有资格"成为大宗师而已。

所谓"屈服者"，就是我们这些心里有烦恼、有不服气、有窝囊、有委屈感受的普通人，因为心里面有一股烦恼在那里无法跟人讲说，其实，我们每个人都有痛苦忧烦的。所以，"其嗌言若哇"，说话哼哼唧唧、啰里啰唆的，生活得很可怜、很憋屈的样子。"其耆欲深者，其天机浅"，一个人在世间的欲望越多，与天的机缘就越浅，而且一个人越是聪明、能力越是大，他的欲望也就越大。人类的物质文明越发达，人的欲望也就越多，离道却是越来越远了。

古之真人，不知说生，不知恶死。其出不欣，其入不距；翛[1]然而往，翛然而来而已矣。不忘其所始，不求其所终。受而喜之，忘而复之，是之谓不以心捐道，不以人助天，是之谓真人。

——《庄子·大宗师》

上古的真人，因为了了生死，死生已经不存在于他们的心中，那自然就是"不知说生，不知恶死"，生也不在乎，死也无所谓，死和生在他们看来是一样的，都是一种状态而已。那些得了道的真人，"其出不欣，其入不距"，对留名万古、封侯拜相乃至帝王也不觉得有什么了不起的；对世人的恭维也好、谩骂也好，都觉得是没区别的，别人要说什么就由他说去吧，却与我自己是没有关系的。只是"翛然而往，翛然而来而已矣"，若是让生命活着，那就活一场吧，若是让生命死了，那就很自然地离开吧，都不是什么快乐或痛苦的事情，无拘无束，自由自在。

因此，庄子告诉我们：人生真正的价值是"不忘其所始，不求其所终"。我们在人世间的一切作为，都不要忘记最初的动机，也不要追求其结果是什么。就是无始无终，没有了时间观念，也没有了空间观念，只是对现有的生命悠然受之，困了就打个盹，冷了就添件衣，而不会管它是

和庄子一起去旅行

———————

1 翛: xiāo。

在什么地方或是什么料子做的衣服。"受而喜之，忘而复之"，若是痛苦来了，高高兴兴接受就是了；若是忘掉的东西，再把它恢复就是了。人们忘掉的东西是什么？其实，我们都忘掉了生命从哪里来，那个本有的生命的境界，就是我们婴儿时候的样子。所以"是之谓不以心捐道"，不用刻意去求道，有心修道修的就不是道了。"不以人助天"，不要以人为的方法去帮助自己的天机，让它自然地发展，只是关注当下就好。当下即是"是之谓真人"，这样才是得道的人应该的所作所为。

赶巧了！还有个把小时车才到。赶巧了！还有个足浴中心。赶巧了！足浴中心还有个空位子。赶巧了！足浴技师没有来。赶巧了！舒服地在房间里打了个盹。赶巧了！就在车来前技师叫醒了酣睡的人……

若然者，其心志，其容寂，其颡頯[1]；凄然似秋，暖然似春，喜怒通四时，与物有宜而莫知其极。

——《庄子·大宗师》

"若然者"，一个人能够修养到真人境界的时候，"其心志，其容寂，其颡頯"，他的心中是没有妄想、没有烦恼的，

1　颡頯: sǎng kuí。

他的精神是高度专一的；他的外形受内心修养的影响，也会变得很清净；他的额头会发亮、有光，而且宽平。这样的真人，情感上却是"凄然似秋，暖然似春，喜怒通四时，与物有宜而莫知其极"。当他看到可怜的人，会表现出很慈悲、很怜悯，他的这种情感反应是很自然的；这跟春夏秋冬四季一样合时令，他的喜怒是有常规的，让人觉得他很近人情，也让人觉得他非常平凡；而且，他能与世间一切万物都相处得非常恰当、相宜，可是如果我们想去研究他，却发现一切都无迹可寻。

疑　心

古之真人，其状义而不朋，若不足而不承。与乎其觚[1]而不坚也，张乎其虚而不华也。邴邴[2]乎其似喜也！崔乎其不得已也！滀[3]乎进我色也，与乎止我德也，厉乎其似世乎！謷[4]乎其未可制也，连乎其似好闭也，悗[5]乎忘其言也。

——《庄子·大宗师》

1　觚: gū。

2　邴: bǐng。

3　滀: chù。

4　謷: áo。

5　悗: má。

上古的真人，他们都是在有了出世的修养成就后做入世的事业的，只有这类人有真正的能力去救世救人，他们是真正得道的人，他们在道家就称作"真人"。真人"其状义而不朋"，形象高大而不崩坏，在入世的作为中，他们表现得非常中庸，就是做人做事恰如其分、恰到好处，他们在为人做事里面没有私人的感情。"若不足而不承"，好像有所不足却不愿受之于外，入世的他们看起来好像在物质上缺点什么，但是他们就是不会去接受什么，因为他们不想有什么东西是属于自己的，只想着从自己身上拿出去给世人。

"与乎其觚而不坚也"，这些人为人处世上的态度无可无不可，但是他们却又自有棱角。他们没有个人的成见，也不顽固地坚持自己的意见，只要大家都认为是有利的，他就可以迁就而行。所以，"张乎其虚而不华也"，他们永远是虚怀若谷的，就像那开放着的花儿一样，就是内心空空洞洞，并无成见、无主观，也没有虚华，不宣扬、不炫耀。

真人们"邴邴乎其似喜也"，他们面对人生是乐观应对的。"崔乎其不得已也"，他们虽然是这样的崇高，站到了最高的位置上，也有了最高的成就，但是为了在艰难困苦中的天下苍生，他们不得已而入世。

"滀乎进我色也，与乎止我德也"，在对社会做贡献中，真人们觉得是理所当然的，却丝毫没有需要别人感恩的想法。此外，他们在世间作贡献到一定阶段后，就懂得停止、撤退，退出入世作为，并且知道适时地离开。"厉乎其似世乎"，真人们处世的态度表现得很庄严，虽然他们表面上像跟着一般的世俗走，但是他们却不是为了自己的私利，而是为了这个俗世的需要。"謷乎其未可制也"，真人们在谦虚和傲慢之间到达了"天子不能臣、诸侯不能友"的境界，他们永远不愿意出来做官，永远不愿意担当任何虚名，他们并不属于任何势力范围的普通人。尽管如此，真人在为人处世上却"连乎其似好闭也"，处处有自己给自己框定的规矩和范围，他们表面上看起来像是很固执的样子，而实际上这么做就是他们为人处世的方法。"悗乎忘其言也"，由于人们都非常佩服和敬仰真人们，以至于忘记了他们所讲的那些理论，真人所讲的道理其实已经深入了他们的人生。

真人不像"假人"牧太甫这样啰里啰唆，来海拉尔没几天时间，就要写本十万字的"冰雪文章"出来，所以难有深刻的理论，不过就是些非常个人的生命体验、读书体会和自我消遣罢了。

　　以刑为体，以礼为翼，以知为时，以德为循。以刑为体者，绰乎其杀也；以礼为翼者，所以行于世也；以知为时者，不得已于事也；以德为循者，言其与有足者至于丘也，而人真以为勤行者也。

　　　　　　　　　　　　　　——《庄子·大宗师》

我们知道，修道的人，"以刑为体"，把刑律作为主体，在管理自己身心上非常严格，很像法律上的"刑杀"一样对待自己身上的善恶；"以礼为翼"，以文化礼仪作为辅助，并以真正的定慧精神来帮助自己。当一个人的修养程度达到了何时何地都没有杂念、没有妄想、没有乱想、没有恶念，并且随时随地对自己身心都是严格的，也就是人的心境到了永远在定境上、在清静无为的境界中，那时候，根本就不需要管理自己了。如此状态之后再去处世，"以知为时"，凭借着智慧审时度势，就能随时随地持守自处之道，也就知道什么时候该入世、什么时候该出世。"以德为循"，同时，能在道德的行为上，明确自己人生的方向，并让自己的生命一直走在正路上。

但是，我们要注意，"以刑为体者，绰乎其杀也"，以刑为体不能过分，如果过分了就会成了酷吏的做法了，这样是不对的。真正的以刑为体，应该"以礼为翼者，所以行于世也"，以文化的精神作辅翼，就能永垂万世。"以知为时者，不得已于事也"，以知为时是要知机，要知道进退和存亡的时机，当事情发展到一定阶段应该停止的时候就要停止，就算是不得已也只好如此，这也是不得不如此的。"以德为循者，言其与有足者至于丘也"，要以道德为标准处世，并依照道德的规范行事，达到一个圆满的行为标准，就是要树立一个高得像山丘一样的道德标准。"而人真以为勤行者也"，修道的人外表上看起来忙忙碌碌，在入世出世中，看着是日理万机，但是在他们的心中却是没有一点心事的，因为他们自己做事做人都有一个规制、一个规范的。

这一次海拉尔之行的安排是满满当当的，但是，因为主办方在行程安排上非常得当，使得我们大家并不觉得有多累，反而是充实呐。

我有多重的身份：企业家、投资人和公司高管，作家和读者，父亲、儿子和丈夫。每天从早忙到晚，一刻都不得闲，要管理百来号人的公司，要见一个接一个的创业者，要处理各种错综复杂的社会关系，要阅读各种各样的书，要笔耕不辍地写书，还要和孩子们嬉戏、游戏，和太太温存，与父母问安，约朋友相会……

幸得庄子的建议，这些年来，我给自己立了个规矩和范围，忙忙碌碌那是我的命，循规蹈矩则是我的用，于是，小日子过得还算满意吧。当然，离庄子说的"真人"境界，差得还有十万八千里。

故其好之也一，其弗好之也一。其一也一，其不一也一。其一与天为徒，其不一与人为徒，天与人不相胜也，是之谓真人。

——《庄子·大宗师》

世界上的事情只有正反两面，"故其好之也一，其弗好之也一"，只要自己有喜爱的一面，也就会有不喜欢的另一面，这是没有办法全好的事情。既然有了喜爱和不喜爱的方面，"其一也一，其不一也一"，自然，在两方面各都有一个偏见存在，有了偏见产生，人世间的是非就多了起来。

同时，庄子在这里还指出，真正的所谓"一"，存在正反的两个方面，这两个方面有下面两种情况："其一与天为徒，其不一与人为徒"，一种是与天道同类，是与天道合在一起的，跟天道相合的；另一种则是顺应人道的方式做法。不过，"天与人不相胜也，是之谓真人。"两种情况不能兼得，只有真得到了天道，人道是自然附带的。能得天道的人，其重点领悟到的是了了生死、没有生死，一个得了道的真人，他对生死的问题已经不存在了，在他看来，天和人是互不抵触的，生和死也是这样。

在《红楼梦》里有个很可悲、很可怜而又很有趣的角色——贾瑞，在小说里，他陷进了自己的情欲世界里面不能自拔，爱上了不能爱、不该爱的人——王熙凤，最后被王熙凤整死了。可实际上，聪明的读者会发现，贾瑞其实是自己把自己搞死的，是被自己的情欲害死的。在咽气的最后一刻，他想着要带上风月宝鉴，因为在这镜子里面有他深爱的"王熙凤"，实际上就是他自己的情欲。我说贾瑞是个非常"有趣"的角色，是因为这个角色在我们普通人身上都有这个部分，被自己的欲望所控制着，不能自拔，不能了了生死。那个风月宝鉴是有两面的，一面是骷髅，另一面是王熙凤。骷髅的一面代表的是生命的本质，就是"其一与天为徒"；王熙凤的那一面代表的是人在世间的种种欲望和表象吧，就是"其不一与人为徒"。

死生，命也，其有夜旦之常，天也。人之有所不得与，皆物之情也。彼特以天为父，而身犹爱之，而况其卓乎！人特以有君为愈乎己，而身犹死之，而况其真乎！

——《庄子·大宗师》

生死一定是我们人类的根本性问题，没有人不怀疑它、质问它，同时，也没有人不害怕它、敬畏它。可是，庄子却在这里把这个问题给否定了，他说，"死生"是"命也"。庄子的意思就是说，生和死是生命本来存在的两种再自然不过的现象。这就像贾瑞那把风月宝鉴，到最后贾瑞的爷爷贾代儒要将它烧了，却听到镜内哭道："谁叫你们瞧正面了！你们自己以假为真，何苦来烧我？""其有夜旦之常，天也"，黑夜与白天对虚空而言是没有影响和效用的，不过是自然界里的一个交替变化的现象。

"人之有所不得与，皆物之情也"，人对自己的出生和死亡是做不了主的，也无法控制自己的生死，我们的这个肉身也是物质的，因此会被外界物质所困扰从而引起我们心理上情绪的变化，就像贾瑞对王熙凤的痴迷，所以会觉得生死非常可怕。这也像在病榻上的贾瑞听到跛足道人来化斋，口称专治冤业之症，就直着声叫喊说："快请进那位菩萨来救我！"一面叫，一面在枕上叩首。可是，接下来发生在贾瑞身上的事情，却说明实际上生死没有什么可怕的，因为他就那么执迷不悟地死在了自己的病床上。

所以，只有得了道的人才能了了生死，不被情物、欲望所困，才能永远处在清静之中。如此，他就能"以天为父，而身犹爱之，而况其卓乎"，始终在天道的境界里，肉身也能跟随着这个天道而变好了，所以，悟了道的人有卓然独立的精神面貌，这是他超出于常情物理之外的表现。

实际上，世上的人都跟贾瑞差不多，都不知道这些，并不能认识自己生命的根本，所以，"人特以有君为愈乎己，而身犹死之，而况其真乎！"我们普通人都认为，在我们这个生命以外，有个比我们更高明的主宰存在——如宗教里面的上帝、佛祖、真主等，但是，不管我们是否认为真有个主宰的存在，我们的肉身都还是会死，与这个认知是没有关系的。如果我们要去找出那个什么是真实的究竟，只有到了那个真实的、真人的成就境界才会明了。至此，我们会发现，正因为在中国的文化里，认为人的生命是生生不息的，所以经过几千年的发展、演化也不曾产生出一个正经八百的宗教来。

　　回想起海拉尔的那个足浴中心，那个冒冒失失闯进来的彪悍的女人，真的是服务员吗？还是说，她就是个不知从哪里冒出来专门讨要小费的人？就算她是服务员，可是，她真的是这个足浴中心的技师吗？还是说，她看到了我这样的客人，特意闯进来讨要小费的？就算她是技师，可是，她说的都是真的吗？还是说，她看到我睡着了故意找了个借口，不劳而获得这个小费的？

　　思绪不断，生命不息⋯⋯

2. 相忘于江湖

当飞机从海拉尔机场起飞的时候，正是夕阳落下的时候。霞光普照，整座海拉尔城像个送别情郎满脸羞涩的姑娘那般，嫣然绯红，依依不舍。

飞机已经滑出跑道，开始爬升，可是它却并不急着飞离，而是在海拉尔城的上空盘旋了起来，直到能俯瞰到整座城市都亮起来的时候，才朝着霞光万丈的地方慢慢飞去——原来，它是在等待这座城完成它那独特的送别仪式呢。

从机窗里回望海拉尔城，像极了故乡那个小县城，小小的，道路却很分明；微微光，路人却很温暖……

飞机朝着呼和浩特飞了好久，夕阳也一直跟了好久。

都说白天不懂夜的黑，这夕阳却明白地告诉我们说：白天依恋着夜的黑，黑夜缠绵着白天的明亮。

送 别

泉涸，鱼相与处于陆，相呴[1]以湿，相濡以沫，不如相忘于江湖。与其誉尧而非桀也，不如两忘而化其道。

——《庄子·大宗师》

"泉涸，鱼相与处于陆"，当池子里的泉水干涸了，鱼儿没有了水就跳到陆地上来，于是，一堆鱼儿碰了在一起，"相呴以湿，相濡以沫"，用从嘴里都吐出来的白沫水泡，彼此维持一点点的残命。可是，鱼儿们的内心真的愿意这样吗？当然不愿意！因为"不如相忘于江湖"，鱼儿们情愿在江海里自由自在地游来游去，那才是它们生命的天地和本性，长久希望依靠别人的滋养来存活，那是靠不住的。这也像我们普通人的人生，所有的人都像是离了水的鱼儿，都是靠一点他人的口水来滋养自己的生命，只有那些真得道的人才是江湖里的鱼儿，才能做到"相忘于江湖"的状态。

庄子接着又提到人生社会的话题，他说，"与其誉尧而非桀也，不如两忘而化其道"，与其恭维尧而去批评攻击桀，

1　呴: xǔ。

还不如化掉那人世间的是非善恶，就是善也不做、恶也不为。在庄子看来，是非善恶太明了并不是好事，善恶太分明、学问太好、知识太渊博，都是人们自找的麻烦，会让自己的人生过得非常的痛苦。倒不如善恶都不做，是非也不管，把是非善恶毁誉统统都忘掉，自己才可以相忘于江湖、相忘于天地，也就可以连生死都相忘了。

这个送别情郎的羞涩"姑娘"啊，她满脸嫣然绯红，我依依不舍，可这都只是"相呴以湿"和"相濡以沫"啊……

夫大块载我以形，劳我以生，佚我以老，息我以死。故善吾生者，乃所以善吾死也。

——《庄子·大宗师》

"大块载我以形"，这是形容大地对世界上一切的万事万物和生命都承载着，但是大地却一点埋怨也没有。不过，天地之间是很公平的，"劳我以生"，让我们一生劳劳碌碌；"佚我以老"，以生命衰老的形式让我们休息；"息我以死"，以肉身死亡的形式让我们安息。生老病死是生命的不同阶段，"故善吾生者，乃所以善吾死也"，当一个人认清了自己生命的价值，认清了生命的意义、生命的方向和生命活着的方式，才知道应该怎么样让生命活着，所以说，善于生活的人，才善于死亡，才明白如何面对死亡。

或许，死才是我们生命、生活中最重要的离别。或许，善于生活的人，才善于别离，才知道如何面对别离吧。所以，人活着就应该是忙忙碌碌的状态，悠悠闲闲那是生命的衰老，平平静静已是生命的死亡。

过　客

夫藏舟于壑，藏山于泽，谓之固矣。然而夜半有力者负之而走，昧者不知也。藏小大有宜，犹有所遁。若夫藏天下于天下而不得所遁，是恒物之大情也。

——《庄子·大宗师》

我们这些活着的普通人是很执着于要抓住什么的，而且对于一切都想要抓得很牢。于是，我们怕船被风浪吹坏了，"藏舟于壑"，就把船抬起来藏到山谷里去；怕山被野兽糟蹋，"藏山于泽"，就把山藏在海洋里；如此这般的掩藏，以我们这些普通人的观念看来，"谓之固矣"，已经是非常牢固和可靠的。可是，我们自以为藏得很好了，却不知道"然而夜半有力者负之而走，昧者不知也"，半夜三更有个力气很大的人，把它们都背走了——我们已经知道这是地球板块的漂移，但是，当时的人们却不能明白其中道理，总以为自己站在大地上是很稳当的。

"藏小大有宜"，我们普通人要掩藏大大小小的东西，想出了各种各样的自以为恰当的地方和方法，但是"犹有所循"，越想藏得好、越要把握得牢却越是靠不住、越是要逃掉。这就像我们教育自己的孩子，当我们对孩子的爱变成溺爱以后，这个孩子就被我们毁了，所以我们对孩子们的爱要得其宜才是好的，才是正确的教育。

那么，要怎么"藏"才好呢？"若夫藏天下于天下而不得所循"，就藏在它的本位上吧，就是把天下藏在天下，这就一点问题没有了，它就永远也逃不走了。"是恒物之大情也"，这也就是天地万物永恒的道理，就是让人、物、事一切都回归到自然、回到本位上去，本是如何便如何。

对于海拉尔城来说，我们都是过客，这些豪情、留恋，都不过是我们自己的情绪，我们都想把她藏在自己的心里，可是藏不住的。一段时间之后，海拉尔还是海拉尔，我们还是我们，到那时，海拉尔就从我们的心中逃走了。所以，还是写成文章吧，把这文章藏在书里，或许这就是自然的道理吧。

特犯人之形而犹喜之。若人之形者，万化而未始有极也，其为乐可胜计邪！故圣人将游于物之所不得遁而皆存。

——《庄子·大宗师》

道家思想认为，生命不是肉体，肉体只是个"躯壳"，

是生命通过它来在世间用一下的，就像今天社会上流行的
"COSPLAY"（角色扮演）。"犯人之形"，我们的生命一旦
被大自然铸造成了人形，让我们一天到晚为它而忙碌，"而
犹喜之"，我们就欣喜若狂，对这个皮囊喜爱得很厉害呢。

其实，"若人之形者，万化而未始有极也"，就像人体
这么样一个生命，是宇宙造化里的万化来的，是千万亿变
化中的一种而已，所以也就没有什么可贵的。如果我们能
够认识到那个真生命，就会知道生命并不只是这个皮囊，
而是能进入道的境界，"其为乐可胜计邪"，那种快乐是无
法用言语可以比拟的愉悦啊。

"故圣人将游于物之所不得遁而皆存"，所以那些真正
得道的人，并不是执着于肉身的，因为，他要的是生命的那
个真谛，当他得到了那个真谛，就可以同万化并存，生命就
能得到永生，这也就是得了道的境界。

善妖善老，善始善终，人犹效之，又况万物之所系，
而一化之所待乎！夫道，有情有信，无为无形；可传而不
可受，可得而不可见；自本自根，未有天地，自古以固存；
神鬼神帝，生天生地。

——《庄子·大宗师》

因此，只有得了道的人才能真正懂得自己的生命。得

了道的人，"善妖善老，善始善终"，无论寿命长短，怎么生怎么死，都无所谓，那是天地自然之理罢了。所以，"人犹效之"，我们普通人要去效法他们啊。"又况万物之所系"，而且，世间万物都是依靠这个道和道的功能变化出来的。不过，"而一化之所待乎"，世间万物千万种的变化，实际上都是"一化"，都是出自同一个道的功能，就是这个本体的唯一一个的道的功能。

庄子继续解释说，"夫道，有情有信，无为无形"，道是真实存在的，这个道是"有情"的，是个有境界的情境表现出来的；道是"有信"的，有征候的、有它的境界，做一步工夫就明白更进一步，就有进一步的征象表现出来；道是"无为"，人的心境越是清净越是空灵，就越能接近无为的状态；道是"无形"，是没有形态的，是虚空的、看不见的。道虽然"无为无形"，可是我们若真能够心性修养到看不见、听不见的话，空就有一步进一步的境界，一步进一步的征候，一步进一步的工夫，直至悟道。

这个道啊，因为"无为无形"，所以"可传而不可受，可得而不可见"，可以通过精神领悟而不可以双手接受，可以通过心神体认而不可以耳闻目见。道是可以相传，并且可以代代传承的，但是，因为我们普通人有了道的观念，却已经违反了"无为"的思想，所以是错的，所以不能悟道。当我们真正得道、悟道后，会因为道是无形无为的，所以我们自己看不见、听不见。

那么，这个道在哪里呢？"自本自根，未有天地，自古以固存"，道不在老师那里，也不在书本和神仙那里，而是在我们自己生命里面，道是我们自己本来的根，而且在没有天地、万有未有以前，就一直存在着，道是我们生命自本、自根、固存的。"神鬼神帝，生天生地"，得了灵光的神鬼和得了道的神帝，因明了道在身上，所以就能生天、生地、生出世间万物来。

所以，我们的肉身也好，我们的家人也好，我们的朋友也好，世间的一切万物，各种的生死别离，全因这个道而来，当我们明白了这个道，就能了了生死，明了别离，这些都是过客，都是自然而然的事。

在太极之先而不为高，在六极之下而不为深，先天地生而不为久，长于上古而不为老。

——《庄子·大宗师》

因为道家所谓"太极"指的是最初的东西，这个道就称为"太极"，也就是现在物理学上讲的那个动能，最初的能量。所以，一方面，得道的人"在太极之先而不为高"，已处太极之前，自己却不认为自己高明。另一方面，得道的人"在六极之下而不为深"，处在六极之下，有形的宇宙下面，而不为深。这里的"六极"就是六合，是指空间上的东南西北上下。"先天地生而不为久"，天地还没有之前，道就已经是存在的了。"长于上古而不为老"，这个上古是无始以来，非常的古老。实际上，道是无所谓老的，这里的四句只是形容道的高深久远。

海拉尔城和海拉尔人不会自己认为自己有多么了不起，或者认为自己的景色有多么美丽和震撼人心。可是，我们这些外来的观光客，因未能真正了解和明白海拉尔的真性情，就一味地强加上自己的情绪，竟然觉得海拉尔就是一个天堂。庄子若是再世，非得又一次离开不可吧？

不　舍

> 南伯子葵问乎女偊[1]曰："子之年长矣，而色若孺子，何也？"曰："吾闻道矣。"南伯子葵曰："道可得学邪？"曰："恶！恶可！子非其人也。夫卜梁倚有圣人之才，而无圣人之道，我有圣人之道，而无圣人之才。吾欲以教之，庶几其果为圣人乎？不然，以圣人之道告圣人之才，亦易矣。"
>
> ——《庄子·大宗师》

这一段讲的是南伯子葵问女偊，女偊也就是得道的仙

1　偊：yǔ。

女，"子之年长矣，而色若孺子，何也？"你的年龄已经很大了，但是你的脸色和外貌却仍和年轻的女孩一样，这是什么原因呢？仙女告诉他说，"吾闻道矣"，因为我得道了啊。南伯子葵就追问她说，"道可得学邪？"道能不能学来啊？仙女回答他说，"恶！恶可！"唉！不可以学到啊！道怎么可以学到呢？因为"子非其人也"，你没有这个资质啊，你并不是适合学道的人。

接着，仙女开始给南伯子葵举例子。"卜梁倚有圣人之才，而无圣人之道"，卜梁倚是古代的神仙，他本身已经具有圣人的才能、圣人的智商和圣人的智慧，可以讲道的理论，却还是没有道的资格。"我有圣人之道，而无圣人之才"，我呢，有道的资格，但是没有圣人的才能和智慧。所以，有谁想把出世和入世两样合一的话，除了得了大道的人，不然只能走出世或者入世其中的一条路，想要两条路兼得是不可能的。

仙女接着又说，"吾欲以教之，庶几其果为圣人乎？"像卜梁倚这样的人，如果由我来教他，或许可以取长补短，把我们两个人的本事合在一起，他也许还可以得道。如果不是这样，"以圣人之道告圣人之才，亦易矣"，有圣人之道的老师，找一个具备圣人之才的学生，给他传道，学生领悟起来也比较容易，不然就很难教和学了。

今天的我们，上了个大学，特别是重点大学、著名学府，就都自负是"天之骄子"，以为自己可以与圣人比肩，实际上还差得远了。相比于卜梁倚的圣人之才，不知道差了多少条街去了，更不用说和这个得道的仙女比。所以呢，老老实实地做好自己吧，没有什么舍不舍梦想和追求，也没有什么得不得的理想和欲望。因为，那些东西根本就不可能真正属于我们，而属于我们的道，我们却又找不到。

这就是命啊！

吾犹守而告之，参日而后能外天下；已外天下矣，吾又守之，七日而后能外物；已外物矣，吾又守之，九日而后能外生；已外生矣，而后能朝彻；朝彻，而后能见独；见独，而后能无古今；无古今，而后能入于不死不生。

——《庄子·大宗师》

仙女接着说，像卜梁倚这般的聪明才智、有圣人才能而没有圣人之道的人，"吾犹守而告之"，我可以教他圣人之道，"参日而后能外天下"，教了三天之后，他的那个空的境界，空灵、虚灵的境界就能超过了宇宙，也就是宇宙也都在他这个着了道的心里，并且是达到"已外天下矣"，就是把身体、空间、时间都忘掉。之后"吾又守之，七日而后能外物"，我又接着教了他七天的时间，他就能够从物理世界的束缚中解脱出来，就是可以跳出三界外去了。此后，"已外物矣，吾又守之，九日而后能外生"，我又接着教他，过了九天后，他这才达到了了生死的境界；然后，"已外生矣，而后能朝彻"，他得以能够进入大彻大悟的大境界；"朝彻，而后能见独"，在他大彻大悟之后，继续修炼到天上天下唯我独尊的状态，才能把那个道找到啊；"见独，而后能无古今"，"见独"之后，他才能进入无古今的境界；"无古今，而后能入于不死不生"，达到"无古今"之后，才是进入到大生不灭的境界。

至此，我们发现，庄子的这篇《大宗师》是要告诉我们，如果我们要做真正的大师的话，是要有圣人之才和圣人之德兼备作为前提条件的。可是，在今天的社会里，"大师"处处是，而实际上，这些所谓的"大师"基本上都是"师大"——师心自大。所以，牧太甫会才在本篇的篇名上，就直接指出宗师"不能大"，不是不可以大，而是我们普通人的能力达不到，就算有了圣人之才也很难与圣人之德兼备。

不过，"不能大"并不是不要大、不会大，毕竟时和位都在不停地发展、变化着，所以《圣经》才会说："所以你们也要预备。因为你们想不到的时候，人子就来了。"然后要做的事情就剩下"我栽种了，亚波罗浇灌了；惟有神叫他生长"。

3. 安时而处顺

　　从海拉尔飞往呼和浩特，虽然已是夜晚，可是这一路的天空总有霞光相伴。相比前天从上海飞过来，一路上不断增温的激动心情，回程这一段可就是逐渐恢复冷静的情绪了。

　　呼和浩特机场是个神奇的地方，一眼望过去，都是来来往往的中转飞机，以它为始发地和目的地的航班确实不多。我竟然又在这个不大的中转候机厅里，遇见了那位湖南小伙儿。小伙儿很激动，说他已经在这个孤独的中转站里寂寞地等候了一个多小时，却还要继续等候三个小时，才能登上下一个航班。他的下一站目的地跟我一样，也是

203

上海虹桥国际机场。

他刚把话说完，就听见机场广播在叫唤我们那个航班的乘客登机了。他说，他要半夜才能抵达上海了，而且要在上海过一夜，明天一早才能坐动车去长沙，等到了长沙还要转车去怀化，等到家就要到明天下午了。

从呼和浩特飞往上海，感觉时间过得特别快。刚看了会儿书，打了个盹，等醒来就已经在虹桥机场上空了。飞机刚停稳，所有人就都又穿上厚厚的衣服。

曾经无数次来虹桥机场乘坐飞机了，也一直听别人说起虹桥机场多么的大，却在这一次才充分感受到它的"巨大"。飞机停靠在一号航站楼，我们却要乘坐摆渡车到二号航站楼去，第一次发现机场的摆渡车道上是有红绿灯的，用了二十几分钟才抵达。等出了安检口，已经是隔天凌晨了。幸而我把车开进了机场停车场，才不需要与其他人一起在那里排长龙等候出租车。

回家的路上，一路明亮的月光，才发现已是戊戌年的最后一个月圆日——腊月十五日……

冷　暖

子祀、子舆、子犁、子来四人相与语曰："孰能以无为首，以生为脊，以死为尻，孰知死生存亡之一体者，吾与之友矣。"四人相视而笑，莫逆于心，遂相与为友。

——《庄子·大宗师》

古代有四个人"子祀、子舆、子犁、子来"是好朋友，他们是同学道友。有一天，他们四人在讨论世界上有谁能够"以无为首"，就是把空当成头；"以生为脊"，以活着的生命当成背脊；"以死为尻"，再把死当成尾骨；"孰知死生存亡之一体者，吾与之友矣"，谁要是能明了死生存亡本是一体的道理，就可以跟这样的人交朋友。

讨论完，"四人相视而笑，莫逆于心，遂相与为友"，这四个人彼此相互对视着笑了起来，因为除了他们四个人外，再也找不到这人世间还有别的人懂得上面说的道理。于是，他们四个人完全心意相通，就成了朋友。

人就是这样，当发现这个世界上，竟然还有人知道和明白我们内在的冷暖情绪的变化，那种感觉太奇妙了——这就是真正的友情。

在《红楼梦》里有个被大家忽略的角色——北静王水溶，他在第十四回"林如海捐馆扬州城，贾宝玉路谒北静王"的末尾第一次出现，并在第十五回"王凤姐弄权铁槛寺，秦鲸卿得趣馒头庵"的开头有详细的叙述。在这之后，这个北静王水溶隔几回就会出现一下，而且每次都是要见贾宝玉，但是在每次见到贾宝玉后，又都只是说些"不痛不痒"

的客套话。实际上，这里面的北静王并不是无关痛痒的角色，他必是宝玉的好友和知己，只不过碍于他们两人之间的身份地位，只得说些别人听来不痛不痒的官样套话罢了。

再回来这里看子祀、子舆、子犁、子来这四人的交往，然后，又去品味一下《红楼梦》北静王和贾宝玉的章节，或许能够感受到其中深切的情谊。

俄而子舆有病，子祀往问之。曰："伟哉，夫造物者将以予为此拘拘也！"曲偻发背，上有五管，颐隐于齐，肩高于顶，句赘[1]指天。阴阳之气有沴[2]，其心闲而无事，跰𨇤[3]而鉴于井，曰："嗟乎！夫造物者又将以予为此拘拘也。"

——《庄子·大宗师》

"俄而子舆有病，子祀往问之"，后来子舆生病了，子祀前去探视、看望。子舆却说，"伟哉，夫造物者将以予为此拘拘也！"好伟大啊，造物者原本是用肉身把我们的生命拘束住的，而现在我就快要从这束缚里解脱出来了！

看看子舆现在的样子，"曲偻发背，上有五管"，背脊

1　赘: zhuì。

2　沴: lì。

3　跰𨇤: bèng xiān。

那么弯，弯得背都驼了起来，更有甚者，在这驼起来的背上面还长出一个"头"且有"五官"来；"颐隐于齐，肩高于顶，句赘指天"，子舆的下巴长得都快接近肚脐那里去了，双肩膀耸起高过头去，而且他的头长得脸面朝上去了。再看子舆的状态，"阴阳之气有沴，其心闲而无事"，虽然是生病而导致身体不调了，但是，心中却还洒脱得不以之为意。子舆"跰㢴而鉴于井"，拖着这个形体不正且跛脚的肉身，对着井水照看自己的模样，他感叹地说，"嗟乎！夫造物者又将以予为此拘拘也"。哎，造物者还在用这样一个肉身拘束着我啊！

　　《易传·系辞传》中说："言天下之至赜[1]而不可恶也，言天下之动而不可乱也，拟之而后言，议之而后动，拟议以成其变化。"天地间任何事物背后都有一层奥秘，这个奥秘就是"赜"，对于天地间那幽深、渺远的大奥秘，是无是非、无善恶、无美丑的评论。所以，"而不可恶也"，不能用人的意识去分别它，它没有那么烦乱复杂，不必烦心。宇宙万物生命的功能永远在动，而所谓的静其实是大动，动中有静是我们人在感受上所产生的。这里的"拟之"就是子舆"鉴于井"，也就是今天拿出照相机对着拍了张照片，就是卦象的作用。"议之"就是子舆"嗟乎"，讨论、研究，

1　赜：zé。

研究结果才能找出人生行为的法则——"夫造物者又将以予为此拘拘也。"

　　子祀曰："女恶之乎？"曰："亡，予何恶！浸假而化予之左臂以为鸡，予因以求时夜；浸假而化予之右臂以为弹，予因以求鸮炙；浸假而化予之尻以为轮，以神为马，予因以乘之，岂更驾哉！"

——《庄子·大宗师》

　　子祀问子舆，"女恶之乎？"你讨厌自己的这个身体吗？子舆说，"亡，予何恶！"假如我们知道了没有我，这一切的变化，长得漂亮不漂亮，生与死，这一切就都没有关系了，也就是"言天下之至赜而不可恶也"，人世间的是非、善恶、美丑都是人为的观念，但是宇宙的奥秘能善能恶、能美能丑、能是能非，所以"予何恶"。"浸假而化予之左臂以为鸡，予因以求时夜"，如果上天要把我的左膀子变成一只鸡，那很好啊，因为鸡一叫我就能知道了时间。"浸假而化予之右臂以为弹，予因以求鸮炙"，如果把我的右膀子变成弹弓，那也很好啊，我就可以用它去射鸟。"浸假而化予之尻以为轮，以神为马，予因以乘之，岂更驾哉"，如果把我的背脊骨从上到最下尾闾骨变成了轮子，那也很好，只要我的精神还存在，我就可以把精神当马，并驱使着这个轮子把"车子"开走，能这样的话是多么方便啊。

这段文字，看起来讲得不伦不类、莫名其妙，却说出了一个道理：一切的万有生命，都是自然的变化，万物与生命、人的身体和心理，都是在自然的变化中。生是一种自然变化的现象，死也是一种自然变化的现象。我们有了这个生命，不应受其拘束；若没有了这个形体，也不应为此感到悲哀，这个就是道家所谓的自然——很自然的变化。《易传·系辞传》中说的"言天下之至赜而不可恶也，言天下之动而不可乱也，拟之而后言，议之而后动，拟议以成其变化"，就是这一段最好的注解吧。

这海拉尔与上海之间往返的心绪冷暖的变化，不管是去时一路上不断增温的激动心情，还是返回时逐渐恢复冷静的情绪，也都无所谓是欢乐还是悲哀，不过就是很自然的变化，并非谁在主宰啊。

等　待

> 且夫得者，时也，失者，顺也；安时而处顺，哀乐不能入也，此古之所谓县解也，而不能自解者，物有结之。且夫物不胜天久矣，吾又何恶焉！
>
> ——《庄子·大宗师》

这一段庄子借子舆之口接着说，"且夫得者"，我得到这个身体活在这个世界上，"时也"，是我生命的一次机会、一个时机；"失者，顺也"，当生命到了结束的时候，就是要回去那"赜"里去，也是理所当然的。所以，"安时而处顺"，当我活着的时候，就要把握当下吧，当下就是生命的价值，当要回去的时候，也很自然地回到"赜"那里去了。一切周遭环境的变化、身心的变化，都是自然本来的变化。"哀乐不能入也"，人的所有喜怒哀乐的情绪变化都没什么，都是自然的空。"此古之所谓县解也"，这就是古代所谓的"县解"，就是人世间里最高明的见解，就是理解到了、懂得了这个就是悟了道。"而不能自解者，物有结之"，但是，我们普通人的人生却还得不到解脱、达不到"县解"（即：悬解）的解脱了一切的境界，那是因为被外界的环境困惑住了，被人世间的物质、事物所拴住了。

可是，"且夫物不胜天久矣，吾又何恶焉！"这个宇宙里的万事万物都是不能胜天的，这里的这个"天"代表的是道，所以我们何必为人世间的外物外事所困扰呢？若能把万物万有都看通了，就不被困扰了，就不被束缚了。因此，我们不必讨厌这个肉身，也不必讨厌这个物理世界的任何东西啊！

如今，我登上了返沪的飞机，而这个湖南小伙儿，依旧孤独地在生命的中转站等待。当我们面对生死的时候，谁也帮不了我们，只有我们自己独自面对，这才是绝对的孤独吧。

俄而子来有病，喘喘然将死，其妻子环而泣之。子犁往问之，曰：叱[1]！避！无怛[2]化！

——《庄子·大宗师》

过了一阵子时间，轮到子来生病了，"喘喘然将死"，他病得气都要喘不出来，快要死了。"其妻子环而泣之"，他的老婆和孩子们都围着他在哭。"子犁往问之"，子犁前来探病，看到他家人围着他在哭泣，就开骂了，"叱！避！"你们统统快给我走开！"无怛化"，生病也好，死了也好，一切都是天地万物自然的变化，何必搞得心里面那么悲哀、恐惧呢！

所以，就像这湖南小伙儿一个人在中转站的孤独，并不代表就是生命里的寂寞。死生都是自然的变化，对于生命看得空一点，面对生病死亡就不会再感到那么恐惧了吧。

倚其户与之语曰："伟哉造化！又将奚以汝为，将奚以汝适！以汝为鼠肝乎？以汝为虫臂乎？"

——《庄子·大宗师》

1　叱: chì。

2　怛: dá。

"倚其户与之语曰"，子犁靠在窗边，跟子来说话，"伟哉造化！又将奚以汝为，将奚以汝适！"真的好伟大的造化杰作啊，不知道它要把你变成个什么样子呢！更不知道它要把你送到哪里去啊！"以汝为鼠肝乎？以汝为虫臂乎？"等你死了以后，会变成老鼠的肝吗？又或者把你变成虫子的臂膀呢？

在中转站的湖南小伙儿是幸运的吧，因为他知道何时登机、飞往何地、为什么中转。生命的中转等待，可就不可能知道何时、何地、何往了。

> 子来曰："父母于子，东西南北，唯命之从。阴阳于人，不翅于父母。彼近吾死而我不听，我则悍矣，彼何罪焉？夫大块以载我以形，劳我以生，佚我以老，息我以死。故善吾生者，乃所以善吾死也。"
>
> ——《庄子·大宗师》

子来回答子犁说，"父母于子，东西南北，唯命之从"，子女对于父母，无论身处东西南北，都要听从父母之命。"阴阳于人，不翅于父母"，自然阴阳变化对于人来说，就像是父母一样啊，宇宙间的万事万物都是由阴阳的变化而来。"彼近吾死而我不听，我则悍矣，彼何罪焉？"我们这个大父母是宇宙的主宰，阴阳造化都是它的作用，所以它如果要我马上死，我也无法抗拒啊，只好听之任之。它要我死也不是罪过，要我生也不是恩惠，都是很自然的一个规律而已。我们的生命是它变出来的，所以必须还之于它，也必须听命于它才行。

庄子借子来之口接着说，"夫大块载我以形，劳我以生，佚我以老，息我以死"，上天要我们在人世间历尽生老病死，"载我以形"，先是让我们有了肉身的形体，接着让我们在世间活着的时候"劳我以生"，活得忙忙碌碌的；然后，"佚我以老"，以肉身的渐老变化让我们休息；最后，"息我以死"，以肉身的死亡让我们的生命得以安息。所以，"故善吾生者，乃所以善吾死也"，真懂得了生命的人，就能真正明白死亡，就知道生既不足以喜、死亦不足以悲，生命只是一个很自然的变化过程。

所以，《易传·系辞传》中说："慎之至也！夫茅之为物薄而用可重也。慎斯术也，以往，其无所失矣！"活在人世间就要小心小心再小心。白茅就是一种草而已，但是用得得当的时候，这棵草便是宝。天下事没有哪样叫好，也没有哪样叫坏；没有哪个人叫对，也没有哪个人叫错。只要用得恰当、中庸，也就能得到重用。所以一个人一生做事，"慎斯术也"，随时都要保持谨慎小心。慎是一种手段，道德也是一种手段，但是宁可用"谨慎"这个最好的手段，而不是用其他别的手段，只有这样才能做到"无咎"，没有什么好或不好的。

就像呼和浩特这个中转站，热闹不足以欢喜，孤独亦不足以感伤，等时间到了，航班来了，就是要登机飞往下一站的……

摆　　渡

"今大冶铸金，金踊跃曰：'我且必为镆铘！'大冶必以为不祥之金。今一犯人之形，而曰：'人耳！人耳！'夫造化者必以为不祥之人。今一以天地为大炉，以造化为大冶，恶乎往而不可哉！"成然寐，蘧[1]然觉。

——《庄子·大宗师》

庄子在这里借子来之口打了一个比方说，"大冶铸金"，有个炼冶的师傅在铸造金属物件。岂知"金踊跃曰"，当把金属倒入锅炉里，这块金属就高兴得跳起来嚷嚷道，"我且必为镆铘！"我马上要变成一把莫邪宝剑了！看到这块金属如此跳跃、发声，"大冶必以为不祥之金"，冶炼师傅一定会认为这块金属是不祥的妖怪，就一定会想方设法地把它清除掉。

"今一犯人之形"，现在，上天一旦把我们变成了人的

1　蘧: qú。

形状的生命体，"而曰：'人耳！人耳！'"，我们自己却还一直在那里叫嚷"我是人，我是人"，"夫造化者必以为不祥之人"，于是，当上天看到我们这般叫嚷的人，必会认为是不祥的人，是一定要被清除掉的。

　　我们心里要清楚啊，整个宇宙就是个大熔炉。"今一以天地为大炉"，现在是以天地为大熔炉，"以造化为大冶"，上天就像是冶炼师傅，上天想把我们变成什么就是什么，"恶乎往而不可哉"，不管我们自己接受不接受，顺其自然就好，要清楚生命就是这般变化，不必怨恨、也不必悲伤、喜乐，一切都很自然而已。

　　上天要在天地熔炉里打造我们这些人形肉身，成品已经造就，人的生命也被装进了这个身体里。"成然寐蘧然觉"，等到有一天我们肉身耗尽，就是这个肉身工具被生命用完了，生命的精神就会离开这具肉身的工具，就像睡着了一样，回到大自然去，那时候就是我们生命梦醒的时候。

　　这就像是从虹桥机场一号航站楼摆渡到二号航站楼，这个摆渡车就是我们摆渡的交通工具而已，当我们抵达二号航站楼的时候，我们就要从这个交通工具上下去。所不同的是，我们都知道自己要摆渡的目的地。不过，若能了了生死，何尝不能明了生命摆渡的目的地呢？

子桑户、孟子反、子琴张三人相与友曰:"孰能相与于无相与,相为于无相为?孰能登天游雾,挠挑无极,相忘以生,无所穷终?"三人相视而笑,莫逆于心,遂相与友。

——《庄子·大宗师》

"子桑户、孟子反、子琴张三人相与友曰",子桑户、孟子反、子琴张三个人在那里侃大山、吹牛皮,讨论哪个人能够做到下面四件事:第一件是"相与于无相与",相同在无相之中,哪个人能够做到相同地生活在无相之中,无相就是不着相、一切都不着相,就是不被世间的现状所迷惑,不着相就是从世俗中解脱出来了,就是万事都不去管了;第二件是"相为于无相为",当解脱出世后,还能够入世去有所作为,也就是能够做到游戏三昧、游戏人间;第三件是"登天游雾,挠挑无极",超然外物之外游于太虚,能够登上天空云雾里面去游玩,还能在虚空中腾云驾雾;第四件是"相忘以生,无所穷终",忘记了生死,并抓住生命的真正主宰,从而抵达到无量无边、无尽无止的境界里去,也就是自己可以做自己生命的主宰。吹牛吹到这里,三个人"相视而笑,莫逆于心,遂相与友",就是三个人都能说到一块儿去,所以心心相印,成了好朋友。

《易传·系辞传》中写道:"同人,先嚎啕而后笑。子曰:'君子之道,或出或处,或默或语,二人同心,其利断金,

同心之言，其臭如兰。'"子桑户、孟子反、子琴张这三个
人在这里吹牛也就是"先嗷啕"，接着三人相视而笑就是"而
后笑"，最后三个人"莫逆于心，遂相与友"就是"同心之言，
其臭如兰"。他们三人讨论的四件事情，也就是孔子对君子
之道所下的断语"出""处""语""默"四个字。

　　在这里，庄子明确地告诉我们，生命必须"轻松解脱"，
而且生命是可以自己做主的。所以，出世也好入世也罢，
"出""处""语""默"都是可以自由为之的。

月　　圆

　　意而子见许由。许由曰："尧何以资汝？"意而子曰：
"尧谓我：'汝必躬服仁义而明言是非。'"许由曰："而奚来
为轵[1]？夫尧既已黥汝以仁义，而劓[2]汝以是非矣，汝将何以
游夫遥荡恣睢转徙之途乎？"

——《庄子·大宗师》

　　这段文字说到的意而子和许由，都是上古时期的高士、
隐士。其中，许由是尧时候的高士，相传尧曾想让位给他，
但是许由不愿意当皇帝，只想着做个隐士。在这里庄子讲

1　轵: zhǐ。

2　劓: yì。

到，"意而子见许由"，意而子和许由相见，"许由曰"，许由就问意而子，"尧何以资汝？"那个尧帝找你，和你讲了些什么呢？意而子就告诉许由，尧帝跟我说，"汝必躬服仁义而明言是非"，你一定要亲自践行仁义，也一定要明辨是非。许由听了，马上就对意而子说，"而奚来为轵？"他怎么给了你一个陷阱让你跳呢？因为，生命本来就是像个小孩子一样很干净很纯洁的，可是"夫尧既已黥汝以仁义，而劓汝以是非矣"，尧帝却要在你脸上刺上"仁义"的刺青，又要用"是非"割了你的鼻子啊。

生命的真正本性就像是一张白纸，干干净净，洁白无暇。可是，当人一旦有了仁义、善恶、是非的观念后，就有了人生价值的问题。因此，就受到了后天污染的拘束了，"汝将何以游夫遥荡恣睢转徙之途乎？"如此，你就不得自由、不得自在、不得解脱，不能得道、不得逍遥了。

今夜月圆，本是自然现象。可是，我们人类早就赋予了月亮太多的所谓人文内涵和情绪化的东西，造成如今望月已不是在看自然之月了，而是加入了许多的主观情怀是非了，也就使得我们的思想受到束缚，而不得自在、自由了啊。

意而子曰："虽然，吾愿游于其藩。"许由曰："不然。夫盲者无以与乎眉目颜色之好，瞽者无以与乎青黄黼黻[1]之观。"

——《庄子·大宗师》

意而子反驳许由说，"虽然"，你说的这个道理我也明白，但是"吾愿游于其藩"，我愿意站在他的这个门口。许由听了他的话很感慨地说，"不然"，不是这样的，我是在替你感到可惜啊。"夫盲者无以与乎眉目颜色之好"，一个眼睛看不见了的瞎子，永远没有办法看到别人的颜色相貌，也看不到别人的眼睛眉毛长得好不好；"瞽者无以与乎青黄黼黻之观"，一个眼睛出了毛病的人，只能看得见一点点的亮光，却是分辨不清色彩的。

小时候，爷爷奶奶就告诉我，月亮里面住着美丽的嫦娥和玉兔；外公外婆则告诉我，看那个月亮上面，神仙张果老正在那里砍树呢……

如今，"嫦娥"登月探测器登月了，它们告诉我，在月亮的正面和背面都没有找到童话里的嫦娥、玉兔，也没有找到那个砍树不息的张果老……

第六篇 宗师·不能大

1　黼黻: fǔ fú。

意而子曰:"夫无庄之失其美,据梁之失其力,黄帝之
亡其知,皆在炉捶之间耳。庸讵知夫造物者之不息我黥而
补我劓,使我乘成以随先生邪?"许由曰:"噫!未可知也。
我为汝言其大略。吾师乎!吾师乎!齑¹万物而不为义,泽
及万世而不为仁,长于上古而不为老,覆载天地刻雕众形
而不为巧,此所游已。"

——《庄子·大宗师》

意而子继续反驳许由说,"夫无庄之失其美",当古代
的美人无庄最后年纪大了,容颜就逝去了,也就忘记了自
己的美貌;"据梁之失其力",当古代的勇士据梁体能到达极
限后,整个身体就垮掉了;"黄帝之亡其知",拥有至高智慧
的黄帝,年纪大了、老了以后,智慧也就不见了。为什么
会丧失呢?"皆在炉捶之间耳",都是上天锤炼的结果,就
像是那块在炉子里锻炼的铁一样,经过锻炼之后就会把天
性纯洁的东西给磨灭、破坏了。"夫造物者之不息我黥而补
我劓",造物者在给我们生命的同时,也给了我们许多的磨
炼,这些磨炼就像你说的在我们脸上刺字、割我们的鼻子
使我们自己很悲哀那样,怎么知道造物者不会让我被刺字
的皮肉长好,补回我被割掉的鼻子呢?"使我乘成以随先
生邪?"这样,就可以让我有着完整的身躯来追随先生了。

---

1 齑: jī。

可是，许由却把意而子呛了回去，"噫！未可知也"，我不确定你的想法对不对。不过，"我为汝言其大略"，我现在可以给你讲一讲它的大概。"吾师乎！吾师乎！"这个道啊，这个道啊，"齑万物而不为义"，虽然，万物都是经由它而创造出来的，但是，道只管造了就造了，它没有觉得因为自己造了什么而成就了不起的仁义；"泽及万世而不为仁"，虽然，万物都靠它才得其生命，但是它却没有觉得自己仁慈；"长于上古而不为老"，在这个天地还没有开辟以前，这个道就存在了，它却一直不会老也不会少，永远都是这个样子；"覆载天地刻雕众形而不为巧"，虽然，这个天地都是它创造的，万物万有也都是它创造的，但是，它却不觉得自己技术有多么高明。"此所游已"，你要想懂得道，就要超越这个境界，道就是这个东西。

实际上，月亮的阴晴圆缺，也是道的创造，我们很感激月亮带给我们的种种悲欢离合的情绪，可是，道从来不觉得自己创造的月亮是伟大或拙劣。所以，月的阴晴和圆缺的情绪，都是我们的"感悟"，或是我们的"误会"而已。我们要是懂得了道，就要超越这个月儿"阴晴圆缺"的情绪境界。

子舆与子桑友，而霖雨十日。子舆曰："子桑殆病矣！裹饭而往食之。"至子桑之门，则若歌若哭，鼓琴曰："父邪！

母邪！天乎！人乎！"有不任其声而趋举其诗焉。

——《庄子·大宗师》

子舆和子桑两个人是朋友，"而霖雨十日"，有一次，连绵细雨连着下了十天。子舆一看这情景，就叹息地说，"子桑殆病矣！裹饭而往食之"，子桑要完了，肯定被水困住了，他家里面肯定没有吃的东西了，于是，赶紧带着饭菜去给子桑送去。

"至子桑之门，则若歌若哭，鼓琴曰：'父邪！母邪！天乎！人乎！'有不任其声而趋举其诗焉"。当子舆到了子桑家门口的时候，听到他在里面像是在唱歌，听起来却很像是在哭一样的声音，还听见子桑在里面弹琴呢！细听子桑唱的原来是这些：使我贫穷是爸爸的罪过吗？是妈妈的罪过吗？是老天爷的罪过吗？还是人的罪过？不过，他的那个声音很微弱，也不成调子了，可就是嘴里还在不断地哼着唱着。

子舆入，曰："子之歌诗，何故若是？"曰："吾思夫使我至此极者，而弗得也。父母岂欲吾贫哉？天无私覆，地无私载，天地岂私贫我哉？求其为之者而不得也。然而至此极者，命也夫！"

——《庄子·大宗师》

"子舆入"，子舆赶紧进去，问子桑说，"子之歌诗，何故若是？"你竟然还有力气唱歌、作诗啊？可是，声音为什么这样模糊不清不成调子呢？子桑回答他说，"吾思夫使我至此极者，而弗得也"，我想了这许多日，始终参不透使我陷于这等穷困绝境的原因，怎么都找不到答案啊。"父母岂欲吾贫哉？"谁的父母会希望自己的儿女穷苦一辈子呢？"天无私覆，地无私载"，天地是公平无私的，"天地岂私贫我哉？求其为之者而不得也"，天地难道会偏私不公使我陷入贫困吗？我想要找出造成现在这种情况的原因，可是终究还是找不到啊。"然而至此极者，命也夫！"不过，现在你来了，总算不用再挨饿了，那些找不到的答案，只有一个代名词，叫作"命"啊！

原来，都是月亮惹的祸，把生命的根本掩盖在了它的阴晴圆缺里面去了。可是，命运并不是不可知，这个命是生命的根本。何以求知呢？唯有得道的人，真正被称为大宗师的人。

第七篇 / **帝王・不可应**

1. 不可为之耳

回到家里，已经是凌晨时分。妻子听到门外的汽车声，就下楼来开门了。她一直以来都如此，不管多晚，也不管我从哪里回来，只要是回家，她就一直在家里等候着。

"开开生病了，今晚我让他上来跟我们睡了。"妻跟我解释，意思是让我轻声细语。开开是我们双胞胎儿子中的老大，平时他们兄弟俩都睡在楼下。

"哦,好的。这几天辛苦你了!"我吻了睡意蒙胧的妻，放好行李箱，小心翼翼地上了楼……

晨早，伴随着楼下的几声"公鸡"啼叫，一旁的开开用手抚摸着我的脸蛋，说:"爸爸,你什么时候回来的啊?"

我睁开眼睛，看到开开那可爱的笑容，心里早就乐开了花，虽然只睡了三四个小时，此刻却已是精神抖擞的。

"我就在你进入梦乡的时候回来的啊。"说着，我起身从床边拿出一辆从海拉尔带回来的汽车模型，"这是从海拉尔赛车场给你带回来的玩具车，喜欢吗？"

"太喜欢了！"开开说着，亲吻了我的脸颊。

"楼下的公鸡叫过了吗？"我问开开。

"那是心心，早就叫过了！"心心是小儿子，最近一直在早上学公鸡打鸣。

"心心小公鸡，快上来吧！"

不一会儿，心心扛着他心爱的"红缨枪"玩具破门而入……

守　候

啮[1]缺问于王倪，四问而四不知。啮缺因跃而大喜，行以告蒲衣子。蒲衣子曰："而乃今知之乎？有虞氏不及泰氏。"

——《庄子·应帝王》

《应帝王》是《庄子·内篇》的最后一篇。《庄子》内七篇是一个系列、一个整体，是有连贯性的。从第一篇《逍

1　啮：niè。

遥游》告诉我们如何从人世间得以解脱，再到后面几篇讲怎么样悟道、修道，然后到上一篇讲如何成为《大宗师》，并说到由得道的完成，既可以出世又可以入世。最后这篇是如何《应帝王》，这里的"应"发轻声，帝王则代表了治世的圣人。道家认为，只有得道之士才可以入世应世，成为齐家治国平天下的帝王。

这一段文字是《庄子·应帝王》的开篇，讲的是人类历史文化的演变。

"啮缺问于王倪"，啮缺向老师王倪请教，王老师却好像被这个学生"四问"问住了，所谓四问代表四方，正反相对的，这就是一个逻辑上的问题了。这就相当于今天的大学生，跑到老教授面前问他关于《王者荣耀》（时下一款时髦的手机游戏）里面的问题一样，老教授多半是回答不出来的。于是，啮缺看老师被自己给问住了，"因跃而大喜"，他高兴得跳了起来，"行以告蒲衣子"，赶快跑出去告诉一位叫蒲衣子的得道之人。这个蒲衣子听完啮缺的讲述，就问他，"而乃今知之乎？"你现在还不明白啊，真以为你自己是"青出于蓝而胜于蓝"的那一个吗？时代虽然是在不断地发展进步的，但蒲衣子却认为文明的发展是一代不如一代的，所以他在这里才会用到"有虞氏不及泰氏"的话。泰氏是太初时期的人物，在时间上要早于有虞氏。

有虞氏，其犹藏仁以要人；亦得人矣，而未始出于非人。泰氏，其卧徐徐，其觉于于；一以己为马，一以己为牛；其知情信，其德甚真，而未始入于非人。

——《庄子·应帝王》

蒲衣子接着给啮缺解释，有虞氏这位古代历史上的圣明帝王，"其犹藏仁以要人"，尚且要心怀仁义对待百姓，但并没有拿仁义道德来自我标榜，他用不着拿这些去教育百姓。因为他们那个时候的人心、文化社会都是良善的，"亦得人矣"，也就足以得民心、顺民意，接受人们的普遍爱戴。同时，那个时期的社会很少坏人，善恶是非也都还没有严格的分别，"而未始出于非人"，社会上也就很少有欺伪的人，社会风气整体上都符合道义的。

蒲衣子接着又说，上古老祖宗的那个时期，全社会上的政治文化都是道的境界。那个时候，人都自然不用修道的，因为每个人都已在道德的境界里。所以，泰氏在睡觉的时候，"其卧徐徐"，睡得很悠然，"其觉于于"，醒得很舒泰。"一以己为马，一以己为牛"，悠然舒泰到你叫我是牛就是牛吧，你叫我是马就是马吧，呼牛呼马，一任由人。

又说，"其知情信，其德甚真，而未始入于非人"，他的智慧、感情纯真而不虚伪，他的道德也很真实，不会觉得别人是错的自己是对的。也就是说，上古的时候，别人没有什么不对，所有人的行为举止都是符合道的，因此社会能自然安定，当时的人类社会自然就没有善恶是非了。

实际上，在一个家庭里更应该学习"上古"，在家庭里本就没有对错是非的。就像我的夜归，也像妻的等候，谁是谁非，都没有。只是她在家里守候，我在外面守候，都是恰当的。

细　语

肩吾见狂接舆。狂接舆曰："日中始何以语女？"肩吾曰："告我：君人者，以己出经式义度，人孰敢不听而化诸！"

——《庄子·应帝王》

"肩吾见狂接舆"，古代的一个有道之士肩吾，去看望楚国的一个狂人陆接舆。陆接舆问肩吾说，"日中始何以语女？"刚才那个懂得阴阳八卦的日中始跟你说了些什么？肩吾回答他说，他们跟我说，"君人者，以己出经式义度"，国君要能够推己及人，以自己的意志去制定一个社会规范好让百姓来遵守，如此，"人孰敢不听而化诸"，天下哪个人敢不听你的、不服从你的呢，他们早就已经自然而然地受到感化了。

狂接舆曰:"是欺德也。其于治天下也,犹涉海凿河而使蚊负山也。夫圣人之治也,治外夫? 正而后行,确乎能其事者而已矣。且鸟高飞以避矰[1]弋之害,鼷鼠深穴乎神丘之下以避熏凿之患,而曾二虫之无知?"

——《庄子·应帝王》

狂人陆接舆听完立刻怼肩吾说,"是欺德也",这是欺骗了道德的行为,所以不是真正的道德。他说,真正的国君,"其于治天下也,犹涉海凿河而使蚊负山也",这种要求世界大同天下太平的想法,就像是要在昆仑山下慢慢地挖一条河到东海去,也不知道要挖到猴年马月才能完成,意思就是做不到的。

所以,陆接舆接着又说,"夫圣人之治也,治外夫?"一个圣人在治理国家天下的时候,并不是从外形上的法治规范做要求的,若要真正要达到天下太平,就是要让每个人能自动自发地要求自己成为圣人,而不是向别人提出行为举止的要求。"正而后行,确乎能其事者而已矣",只有当每个人都做到很正的时候,才能正己而后能正人,只有这样起的社会作用才是很实在、的的确确的,就是让每个人能做好自己的每一件事就行了。

---

1 矰: zēng。

陆接舆还说，"且鸟高飞以避矰弋之害"，鸟一定要飞得足够高，这样才能躲避开猎人捕捉它的网；"鼷鼠深穴乎神丘之下以避熏凿之患"，那些鼷鼠在神坛下打洞打得很深很深，这样才能躲避开捕鼠人的烟熏和凿挖；天生万物都有各自的聪明和智慧，"而曾二虫之无知？"所以，不能说鸟和鼠它们一点聪明没有，它们都很聪明，都知道如何去避开灾祸。

已是深夜归家，家人们都已入睡，且又有妻的提醒，所有动作必须得一轻再轻。这不仅是为了避免吵醒熟睡中的家人，也是为了避开自己的祸害罢了。于是，"正而后行"，做好自己应该做的事情，把孩子们吵醒了又不知道要花多少时间去哄他们，自己也无法尽快躺下睡觉呐。

游　戏

天根游于殷阳，至蓼水之上，适遭无名人而问焉，曰："请问为天下。"无名人曰："去！汝鄙人也，何问之不豫也！"

——《庄子·应帝王》

"天根游于殷阳"，有一个叫天根的人到殷阳那个地方去游玩，当他到了"蓼水之上"，遇到一个"无名人"，于是，就向他请教说，"请问为天下"，怎样治理天下呢？

这个无名人回他一顿骂，"去！汝鄙人也，何问之不豫也！"滚！你这个粗鄙的人，怎么也不问个好一点的问题！

"予方将与造物者为人，厌，则又乘夫莽眇之鸟，以出六极之外，而游无何有之乡，以处圹埌之野。汝又何帛以治天下感予之心为？"又复问。

——《庄子·应帝王》

　　无名人说，我现在"将与造物者为人"，正要与天地合而为一，正在恢复生命的本能。"厌"，烦的时候，"则又乘夫莽眇之鸟"，就神游于太虚之上，就是在虚空之中游荡；"以出六极之外"，就是超出这个时空之外去；"而游无何有之乡"，然后，就到达了一个"无何有之乡"；"以处圹埌之野"，接着又到了无量无边的圹野里去游玩。无名人在这里说的是"调心"的内容，它里面主要意思有两重：一是调整自己的心境，二是使自己的心永远平安。

　　他说，"汝又何帛以治天下感予之心为？"你来问我"以治天下"，治理天下的道理，你是想用这个令人讨厌的问题来扰乱我的道心吗？于是，"又复问"，天根又向无名人求问怎么修道。

　　无名人曰："汝游心于淡，合气于漠，顺物自然而无容私焉，而天下治矣。"

——《庄子·应帝王》

无名人就告诉天根说，"汝游心于淡"，你必须修养和调整自己的心境,使它永远处于淡泊的状态中。这里的"淡"就是没有味道的意思, 也就是要保持"心清如水"。"合气于漠"，把生命的本能修养到空和定的境界，然后，再让这生命在人世间起本能的作用。如此，就能"顺物自然而无容私焉，而天下治矣"，顺乎自然的发展而无私心，当做到人人无私心以后，这个天下自然就能得以大治了。

　　可是，当我们晚上有妻子的守候，清早又有孩子们的唤醒，想要心清如水，想要空定境界，还想要自然无私，对食人间烟火的我们又谈何容易呢?

　　不过，一切"顺物自然"就好吧。

2.鯈忽失浑沌

虽然是星期天，但是因为出去了几天，所以有很多工作和任务需要在这天追回进度。

于是，整个上午待在家里忙碌着处理各种电话、各种文案，尽是些日常工作的琐事，并没有什么大不了的，就像是农民的日出而作、日落而息的劳作。可是，如果不亲自去处理完这些琐事，当积累到一定程度的时候，就会发生质变，变成一种懒惰和亏欠，就是一种不负责任，一种不信、不忠。不过，当把这些琐事变成了一种工作习惯，整个上午的忙碌一眨眼就过去了。

吃过午饭，孩子们吵着要去植物园逛逛。于是，把午睡的时间取消了，只在当中空下来的十来分钟间隙里找了个机会，赶紧眯了一会儿。

"爸爸，你准备好了吗？"孩子们的叫嚷把我从沙发上唤醒了，再一次精神抖擞地答应着他们，拿了车钥匙，赶紧下楼换鞋、出门……

从植物园出来，又带着孩子们去饭店吃了羊排，因为我跟他们提到海拉尔的羊肉有多么的好吃，把他们几个的馋虫全都勾了起来。识趣的我就顺着提议晚上去吃西北的羊排和牛肉，他们当然非常乐意了。

吃好晚饭回到家已经不早了，赶紧帮着孩子们洗了澡，讲了《小王子》的睡前故事，讲着讲着自己却先要睡着了，幸好孩子们贴心，用小手拍拍我，说："爸爸，我要睡觉了，你上去吧。"

回到楼上的房间，赶紧给内蒙古人乔志刚先生去了个电话，告诉他我已经回来，把几件工作跟他做了汇报，又向他讨教了几个问题。通完电话，赶紧冲进浴室洗澡去，然后，抓紧上床睡觉。

梦里面，尽是光明……

忙忙碌碌

阳子居见老聃，曰："有人于此，向疾强梁，物彻疏明，学道不倦。如是者，可比明王乎？"老聃曰："是于圣人也，胥易技系，劳形怵心者也。且也虎豹之文来田，猨[1]狙之便，执嫠[2]之狗来藉。如是者，可比明王乎？"

——《庄子·应帝王》

"阳子居见老聃"，阳子居去见老子老师，他跟老师说，"有人于此"，有一个人能够"向疾强梁"，脑筋转得快；"物彻疏明"，对任何东西只要看一眼，就都能懂了其中的道理，对事物的道理很是透彻，而且他的胸襟也很开阔，对世间万事万物运行的道理很是明白；此外，他还能"学道不倦"，并不勉强、强求自己，随时提醒自己去修道，就是他主动地去修道。这样的人好不好？"如是者，可比明王乎？"这样的人，可以与圣明之王相比吧？

老子回答他说，"是于圣人也"，这个马马虎虎算是一个人就是了，如果说他够得上圣人之道可就还早呢！"胥易技系"，这种人只不过像是更换职司的小吏和为工巧技术所累之后"劳形怵心者也"，总是形体劳苦而心神不宁，总怕做得不够好。

老子接着解释，"且也虎豹之文来田"，那些老虎、豹子身上因长着好看的花纹，并且它们的皮毛又好又漂亮还保暖，也就导致了猎人们对它们的猎杀。"猨狙之便，执嫠

1　猨: yuán。

2　嫠: lí。

之狗来藉"，猨狙这类身体很灵便的猴子，嫠牛这种身体大型的动物，以及猎狗这类鼻子很灵敏的动物，都因为有着某样特殊的功能，而被人捉来，并用绳子拴了起来，要么驯服、要么驯养、要么驯化。"如是者，可比明王乎？"这样的人，能算得上是圣明之王吗？意思就是，把天下万物都变成了猎物，被"绳子"拴住了，像猴子一样被驯服，像嫠牛一样被驯养，像猎狗一样被驯化，这些"猎物"能算得上是圣明之王吗？

阳子居蹴[1]然曰："敢问明王之治。"老聃曰："明王之治：功盖天下，而似不自己，化贷万物而民弗恃；有莫举名，使物自喜。立乎不测，而游于无有者也。"

——《庄子·应帝王》

阳子居听到老子这么说，很是惊讶，"蹴然"，眉毛也皱了起来，惭愧地问老子，"敢问明王之治"，那么"明王"应该是怎样治天下的呢？也就是怎样做才算得上是"明王"呢？

老子就告诉阳子居说，"明王之治"就是"功盖天下，而似不自己"，一生为大家忙忙碌碌很有功劳，自己却不居

---

1 蹴：cù。

功，因为一切的作为都只是他自己的生活。"化贷万物而民弗恃"，能够用自己的道德感化天下，并用爱和仁慈惠及于万物，但是百姓在心理上却对他并不惧怕，只是觉着有这么一位领导人是真的为我们、爱我们的。"有莫举名，使物自喜"，"明王"不用标榜自己的功德和声望，天下人却都喜爱他。此外，"明王"的心理，我们是没有办法去猜测的，因为他"立乎不测"，立乎不测之地，而唯有得了道的人才做得到立身于不可测的境界；真做到了那样就可以学道了，"而游于无有者也"，最后遨游于空灵的境界。

终日里忙忙碌碌为别人，却从心里面真正地不图任何回报，在这世间或许只有身为父母的能够做到。不过，父母们其实却又都是在"为了孩子"的想法中，所以也就很难说他们真的是无所图的啊。

自寻乐子

郑有神巫曰季咸，知人之死生存亡，祸福寿夭，期以岁月旬日，若神。郑人见之，皆弃而走。列子见之而心醉，归，以告壶子，曰："始吾以夫子之道为至矣，则又有至焉者矣。"

——《庄子·应帝王》

"郑有神巫曰季咸"，郑国有一个非常了不起的巫师叫季咸，"知人之死生存亡"，他能预知到人的死生存亡，也就是说他能预知到人世的祸福、人命的长短。人们担心的生死存亡、祸福寿夭等事情，这位神巫全都能预知，"期以岁月旬日，若神"，他能非常准确地预知到人是何时死亡或何时遭祸福的。所以，"郑人见之，皆弃而走"，郑国人一看到他就逃走，生怕他说一句什么坏话遭祸患，或是被告知什么时候会死。

可是，"列子见之而心醉"，列子见过神巫季咸之后，就被他迷住了。"归，以告壶子"，列子回来后，就向自己的老师壶子报告，"始吾以夫子之道为至矣，则又有至焉者矣。"我之前一直以为老师您的道行是最高的，但是现在我终于遇到了一个道行比您还高的人。

壶子曰："吾与汝既其文，未既其实，而固得道与？众雌而无雄，而又奚卵焉！而以道与世亢，必信，夫故使人得而相汝。尝试与来，以予示之。"

——《庄子·应帝王》

壶子老师就说，我传授你的那个道啊，"吾与汝既其文，未既其实"，外表的道是传给你了一些，可是道的真谛还没有传给你，"而固得道与？"你认为我传给你了吗？真谛还没有传呢！"众雌而无雄，而又奚卵焉！"我传给你的道，就相当于拿了几只母鸡给你，却还没有给你公鸡，所以是生不出小鸡来的，意思就是这样还是修不成道的境界的，是不会有结果的。

"而以道与世亢，必信，夫故使人得而相汝"，你以为自己学到一点道，待人就傲慢了起来，处处都保持着一脸的得道的样子，或是满嘴的"道"，所以别人一见你就知道你是个喜欢修道的人，就能窥测到你的心迹而给你占卜吉凶祸福。"尝试与来，以予示之"，你去把这个巫师叫来，让我见见吧。

在《易经》八八六十四卦中，没有大吉大利的卦，每一卦都是有好有坏，找不出哪一卦是完全好的。勉强地说只有一卦，就是谦卦，六爻都是吉。谦卦是山地谦，它的卦象是这样的：山最高但却处在平地的下面，而这块平地却又在山顶上。山顶上是平地，意思就是：最高处要是最平凡的，最平凡最恭下的就是谦卦。

因此，《易传·系辞传》中说："劳、谦。君子有终，吉。"怎样才能做到大吉大利呢？自己的功盖天下，自己却不以为功；德在人间，一切都在帮助他人，自己不以为自己是在帮助人家，认为这都是应该的。能够做到这样，才能达到"劳、谦。君子有终，吉"，大吉大利的境界，这就是圣人的境界。这就像耶稣被钉死在十字架上，他说是以此为世人赎罪。

如此看来，壶子老师是真正有道的圣人，而那位神巫季咸的行为举止，就很值得我们推敲和怀疑了。于是，接下来壶子老师与神巫季咸进行了四次"斗法"式的较量，从而撕开了神巫季咸的真面目，着实值得出世应帝王的人们警惕。当然，无心应帝王的人，也可以擦亮眼睛，看个热闹吧。

明日，列子与之见壶子。出而谓列子曰："嘻！子之先生死矣！弗活矣！不以旬数矣！吾见怪焉，见湿灰焉。"列子入，泣涕沾襟以告壶子。壶子曰："乡吾示之以地文，萌乎不震不正，是殆见吾杜德机也。尝又与来。"

——《庄子·应帝王》

第二天，"列子与之见壶子"，列子约了神巫季咸来见壶子，才看了一眼，季咸就跑了出来，告诉列子说，"嘻！子之先生死矣！弗活矣！不以旬数矣！吾见怪焉，见湿灰焉"，你的老师就要死了，没得治了，不过十天必死无疑，我看都不敢多看了，要死的人的那个样子，就像那个潮湿了的死灰一样，哪还有活的可能啊。

列子听了神巫季咸的话，"列子入，泣涕沾襟以告壶子"，很伤心，鼻涕眼泪一大把地把原委告诉了壶子老师。壶子老师说，"乡吾示之以地文，萌乎不震不正"，刚刚那巫师进来的时候，我试他一下，给他看的是另外一个面孔，不过就是把气停住，闭了呼吸，收了身上的光芒，脸色就变成死灰了。"是殆见吾杜德机也"，刚才我给那个巫师看的叫作"杜德机"，就是生机完全关闭，呼吸几乎完全停止，血脉也不流行，全身脉搏都停止了。"尝又与来"，你去，再带他来见我。

这是壶子和季咸的第一次斗法，好像是壶子更胜一筹。

　　明日，又与之见壶子。出而谓列子曰："幸矣！子之先生遇我也，有瘳[1]矣，全然有生矣！吾见其杜权矣！"列子入，以告壶子。壶子曰："乡吾示之以天壤，名实不入，而机发于踵。是殆见吾善者机也。尝又与来。"

——《庄子·应帝王》

第二天，列子又带神巫季咸来见壶子，神巫见完壶子后出来对列子说，"幸矣！子之先生遇我也，有瘳矣！全然有生矣！吾见其杜权矣！"今天好了，你的老师算是碰着我了，这条命有救了，今天我看到了生机，有了生机不会死了，还有一线生机就有救了。

　　"列子入，以告壶子"，列子进来，把神巫的话告诉了壶子。壶子对他说，"乡吾示之以天壤，名实不入，而机发

1　瘳：chōu。

和庄子一起去旅行

于踵。是殆见吾善者机也",我刚刚表现给他看的是天地间变化生长的气象,不存名利之心,生机都是从脚底心发动的。这次是让他看到我生意萌动一面。"尝又与来",你去,叫他再来见我。

这是壶子和季咸的第二次斗法,明显是壶子更胜一筹。

明日,又与之见壶子。出而谓列子曰:"子之先生不齐,吾无得而相焉。试齐,且复相之。"列子入,以告壶子。壶子曰:"吾乡示之以太冲莫胜,是殆见吾衡气机也。鲵[1]桓之审为渊,止水之审为渊,流水之审为渊。渊有九名,此处三焉。尝又与来。"

——《庄子·应帝王》

第二天,列子又带着神巫来了。这次神巫出来对列子说,"子之先生不齐,吾无得而相焉。试齐,且复相之",你这位老师神色变化不定、不正常啊,一下这样一下那样,不整齐不划一,颠颠倒倒的,我看不透了,我现在没有办法给他看相。等他正常的时候,我再来看吧。

列子进来,又把神巫的话告诉了壶子。壶子告诉列子说,"吾乡示之以太冲莫胜,是殆见吾衡气机也",我刚刚

1　鲵: ní。

表示给他看的是太冲，就是上下贯通、天人一贯，站在中道的道理，既不是空也不是有，让他看到万念皆空的境界。

壶子接着还跟列子说，"鲵桓之审为渊，止水之审为渊，流水之审为渊"，大鱼在熟练的地方不断地游动，慢慢地就把那个地方挖得很深，进而形成了深水渊；有一种很有力的水是从上游冲刷下来，由于冲击久了，也形成了深水潭；还有一种流动的水经过，在有个地方打转久了，也形成了深水渊。这里，壶子说了三种水的状况——即活水、止水和旋转的水，表现了三种工夫、三种修养的境界。他又告诉列子要注意，"渊有九名，此处三焉"，水变成深渊有九个，不过大原则提了三个。接着又让列子"尝又与来"，再去带神巫来见他。

这是壶子和季咸的第三次斗法的情况，壶子老师远胜神巫，并以此为案例如此这般地教导了自己的学生列子。

明日，又与之见壶子。立未定，自失而走。壶子曰："追之！"列子追之不及。反，以报壶子曰："已灭矣，已失矣，吾弗及已。"壶子曰："乡吾示之以未始出吾宗。吾与之虚而委蛇，不知其谁何，因以为弟靡，因以为波流，故逃也。"
——《庄子·应帝王》

第二天，列子又带着神巫来了。不过，这次神巫"立未定，自失而走"，一看到壶子，连站都没站稳，慌慌张张地掉头跑了。壶子就让列子去追。可是，列子没有追到，回来向壶子报告说，"已灭矣，已失矣，吾弗及已"，没有影子了，不知去向，我追不上他了。

　　壶子就告诉列子，"乡吾示之以未始出吾宗"，刚刚我给他展示的是宇宙万有之前的那个东西。"吾与之虚而委蛇，不知其谁何"，我给他看到的是似真似幻的境界，他当然看不懂、参不透啊。"因以为弟靡，因以为波流，故逃也"，他只看到我如茅草随风而倒，如流水随波而逐，他看不懂道的境界、道的作用，所以他逃走了。

　　这是壶子和季咸第四次斗法的情况，壶子老师完胜神巫，并对四次斗法的情况做了一次小结，以此启发列子。

　　其实，不仅神巫看不懂，我们大多数的人也看不懂。所以，不用太认真，也不要不认真；不用太功利，也不要不功利就算是自己找点乐子，找点游戏吧。实际上，壶子老师这几次三番地让列子把神巫找来，不也是在找乐子吗？

追着光明

然后列子自以为未始学而归，三年不出。为其妻爨 [1]，食豕如食人。于事无与亲，雕琢复朴，块然独以其形立。纷而封哉，一以是终。

——《庄子·应帝王》

壶子与季咸四次斗法完胜，并向列子展示了道，"然后列子自以为未始学而归，三年不出"，列子心中很羞愧难过，觉得自己白跟了老师那么多年，于是，老老实实地回家闭关三年。"为其妻爨，食豕如食人"，给自己的老婆煮饭、帮做家务活，喂猪像照顾人一样精心。

列子一直在家帮夫人做家务，时间长了"于事无与亲"，修炼到做人做事都不执着，一切听其自然，万事不执着。"雕琢复朴，块然独以其形立"，返璞归真，把生命的雕琢去掉，恢复到婴儿刚刚生下来的那个本来，就是活着就是活着，人生就以人生为目的，不去雕琢，既无欢喜也无悲伤。

我们普通人不懂这个道理，更不明白人生就是人生，"纷而封哉，一以是终"，在纷繁的世事中能封闭心神而不受其干扰，终身始终如一，把自己封锁在一个固定的形态里。

我们把这个固定的形态叫作"人格"，可是，我们自己

---

1 爨：cuàn。

千万不要把自己活成了一个格格，限制到一个范围里去了啊。此外，所谓善者不可为，恶事更不可做。恶给我们的烦恼和损害，是比善还要厉害的雕琢。懂了这个道理，就明白善不可为，恶更不能为。人生就是这样，以人生为目的，开始如此，无始无终。

　　无为名尸，无为谋府；无为事任，无为知主。体尽无穷，而游无朕。尽其所受乎天，而无见得，亦虚而已，至人之用心若镜，不将不逆，应而不藏，故能胜物而不伤。

——《庄子·应帝王》

　　"无为名尸"，不要为了求名利，而成为虚名的奴隶；"无为谋府"，不要打主意算计别人，人生要很自然地活下去；"无为事任"，不要勉强去做任何的事情；"无为知主"，不要认为自己学问高又聪明。"体尽无穷"，要体会生命的无穷无尽；"而游无朕"，做事处世都要追求无我之境。

　　这样一来，人生还有什么意思呢？

　　大有意思！这样的人才能认清楚自己的人生，才会尊重自己的生命。"尽其所受乎天"，我们要使这个生命很自然、很舒服地活下去，"而无见得"，来去无牵挂，一切归于自然，"亦虚而已"，就是很空灵，很自在地生活在这个世界上。

"至人之用心若镜，不将不逆，应而不藏，故能胜物而不伤"，这是道的最高境界。得道的人，心如明镜台；处世不执着，也不欢迎、不拒绝；物来则应，过去不留，心中不藏，此心很平静。能够修养到这样，才能入世，才不会被物质环境所诱惑，才不会伤害到自己。

在世间，忙忙碌碌也好，自寻乐子也罢，心中始终充满阳光、追逐光明，不被物质打垮，也不被物质环境忙碌得昏了头。因为，心如明镜，不将不逆，本心平静，此心光明。

南海之帝为鯈[1]，北海之帝为忽，中央之帝为浑沌。鯈与忽时相与遇于浑沌之地，浑沌待之甚善。鯈与忽谋报浑沌之德，曰：人皆有七窍以视听食息，此独无有，尝试凿之。日凿一窍，七日而浑沌死。

——《庄子·应帝王》

南海的帝王叫鯈，北海的帝王叫忽，中央的帝王是浑沌。鯈和忽经常到浑沌的中央之地碰面，浑沌给他们的待客之道做得非常到位。于是，鯈和忽就想着要报答浑沌，他们商量说，世界上的人都有七窍，可以帮助看、听、吃

---

1 鯈: tiáo。

喝和呼吸，浑沌却没有这些，于是，鲦和忽就想着也给浑沌开七窍。

"日凿一窍，七日而浑沌死"，鲦和忽每天给浑沌开一窍，等到了第七天，也就是七窍都开好了，浑沌却死掉了。

夜半惊醒，浑身是汗！

我们在这个世界上，奔波不止，营营为生，总以为是在为了什么——挣钱是为了养家糊口，让生活过得更好；创业是为了改变现状，让世界变得更好；教育是为了未来，让文明传承得更好……

世人营营，莫不都是鲦忽凿窍之举？